区域经济发展的创新驱动作用研究

崔忠平 ◎ 著

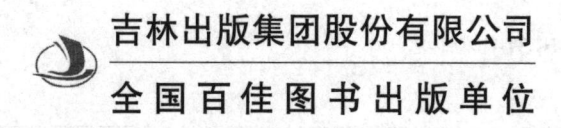

吉林出版集团股份有限公司
全国百佳图书出版单位

图书在版编目（CIP）数据

区域经济发展的创新驱动作用研究 / 崔忠平著. --长春：吉林出版集团股份有限公司，2022.5
ISBN 978-7-5731-1495-2

Ⅰ.①区… Ⅱ.①崔… Ⅲ.①区域经济发展－研究－中国 Ⅳ.①F127

中国版本图书馆CIP数据核字(2022)第070134号

QUYU JINGJI FAZHAN DE CHUANGXIN QUDONG ZUOYONG YANJIU
区域经济发展的创新驱动作用研究

著　　者	崔忠平
责任编辑	田　璐
装帧设计	朱秋丽
出　　版	吉林出版集团股份有限公司
发　　行	吉林出版集团青少年书刊发行有限公司
地　　址	吉林省长春市福祉大路5788号
电　　话	0431-81629808
印　　刷	北京昌联印刷有限公司
版　　次	2022年5月第1版
印　　次	2022年5月第1次印刷
开　　本	787 mm×1092 mm　1/16
印　　张	10
字　　数	225千字
书　　号	ISBN 978-7-5731-1495-2
定　　价	58.00元

版权所有·翻印必究

前　言

　　自中华人民共和国成立以来，我们在区域经济发展政策和模式上经历了区域均衡发展战略—区域非均衡发展战略—区域统筹均衡发展战略的过程。经济政策的转变是由我国经济社会发展的具体国情和社会主义制度的本质要求所决定的。其根本目的是适应时代发展的需要，适应时机地实现各区域的快速健康发展，提高人民群众的生活水平和质量，最终实现全国的"共同富裕"。

　　随着信息交流与交通的日益发达以及区域壁垒障碍的不断消除，全球化力量正在改变原有地理空间结构及组织形式，区域不再仅仅是地域等级结构中的组成部分，也成了不同空间尺度相交联络的产物，被赋予了不同的现实含义。

　　经济增长和结构转型升级的最终目标是提高居民收入和居民消费水平。2021年已建成小康社会把民生发展作为根本目标，稳步提高居民收入，保障城乡居民收入与经济同步增长，劳动报酬和劳动生产率同步提高。

　　本书即以此为契机，紧密围绕民族地区产业结构优化这一问题，深入探讨为实现这一目标所需要的金融服务体系，进而通过构建适应民族地区经济发展的金融服务体系来推动民族地区产业结构的调整和升级，最终实现民族地区经济振兴。

　　书中各章节吸收了学术界相关研究成果，难免注释未明或缺少注释之处，欢迎专家同仁批评指正。鉴于笔者水平有限及时间仓促，一些新的知识和成果在书中尚未完全得以呈现。书中的谬误、疏漏之处，敬请读者批评和赐教。

目 录

第一章 绪论··· 1
    第一节 区域经济发展的概念······························· 1
    第二节 区域经济增长的概念······························· 3
    第三节 我国区域经济发展理论的流变··················· 4

第二章 区域经济发展模式研究······························· 6
    第一节 我国区域经济发展模式的现状··················· 6
    第二节 区域经济发展模式研究···························· 9
    第三节 资源角度的区域循环经济发展模式研究······ 13

第三章 区域创新与区域经济发展························· 28
    第一节 区域创新概述·· 28
    第二节 现代系统科学的相关理论························ 31
    第三节 区域创新与区域经济发展关系概述············ 34

第四章 区域经济发展的技术创新动力系统············· 36
    第一节 创新思想的萌芽与发展···························· 36
    第二节 技术对经济增长的作用··························· 44
    第三节 技术创新与区域经济发展························ 46
    第四节 区域技术创新运行机制与评价设计············ 58

第五章 民族地区产业结构优化目标······················· 67
    第一节 产业结构优化的含义······························ 67
    第二节 产业结构优化的指导原则························ 77
    第三节 影响和决定产业结构变动的因素··············· 80
    第四节 民族地区产业结构优化的决定因素分析····· 91

  第五节 民族地区的目标产业结构 ··· 101

第六章 金融作用于产业结构调整的经验 ··· 114
  第一节 金融在产业结构调整中的作用 ······································ 114
  第二节 银行在产业结构调整中的作用和经验 ······························ 120
  第三节 证券市场融资对产业结构调整的效应 ······························ 124
  第四节 市场主导与政府主导的作用比较 ··································· 127

第七章 "一带一路"倡议对民族地区金融业的需求 ························· 129
  第一节 "一带一路"倡议为民族地区发展提供了机遇 ··················· 129
  第二节 "一带一路"倡议与民族地区产业结构调整 ······················ 131
  第三节 金融(资金融通)是互联互通的重要内容 ························ 133

第八章 民族地区产业结构优化的金融服务体系探讨 ························· 135
  第一节 民族地区金融服务体系现状及问题 ································· 135
  第二节 民族地区产业结构优化所需要的金融机构体系 ··················· 141
  第三节 民族地区产业结构优化所需要的金融市场体系 ··················· 146

参考文献 ··· 152

第一章 绪论

第一节 区域经济发展的概念

迄今为止，学术界对"区域"一词并没有明确的定义，其大小也完全取决于研究的目的和问题的性质。区域的概念之所以难以界定，主要源于以下几个方面的限制：一是根据研究问题的重要性和类型，区域的大小可以在相当大的范围内变动；二是区域的邻接性问题，即在把国家划分成区域时，不能出现飞地；三是由于许多学科都涉及区域问题，不同学者从本学科的研究目的出发，对区域的界定和划分往往具有不同的看法。地理学家一般把区域定义为地球表壳的地域单元；政治学家则将区域看作国家管理的行政单元；而社会学家视区域为具有相同语言、相同信仰和相同民族特征的人类社会聚落。

在经济学界，目前国内学者大多采用1922年在《全俄中央执行委员会直属俄罗斯经济区划问题委员会拟订的提纲》中给区域下的定义："所谓区域应该是国家的一个特殊的经济上尽可能完整的地区。这种地区由于自然特点，以往的文化积累和居民及其生产活动能力的结合而成为国民经济总锁链中的一个环节。"事实上，这里所指的区域，是能够在国民经济分工体系中承担一定功能的经济区概念。

从一般的角度看，所谓区域是指根据一定的目的和原则而划定的地球表面的一定范围的空间，是因自然、经济和社会等方面的内聚力而进行的历史奠定，并具有相对完整的结构，能够独立发挥功能的有机整体。它具有以下几方面的含义：

第一，区域既是一个实体概念，又是一个抽象的空间概念，它具有典型的二重性。我们所说的区域，通常是指地球表面存在的特定范围的空间，即特定的地区。然而，在理论研究中，"区域"一词又经常被看成是一个抽象的、观念上的空间概念，没有严格的范围、边界以及确切的方位。正因为如此，在区域经济学文献中，"区域"和"空间"这两个概念往往可以相互换用，而不必做细致的区别。

第二，区域的内聚力、结构、功能、规模和边界是构成一个区域的五个基本要素。其中，内聚力是区域形成和演变的基础，它决定了区域内部的结构和功能，进而决定了区域的规模和边界。正是由于这种内聚力的存在，从而在一个区域各组成部分之间形成了一种相互依存的关系，并由此产生了一种共同的区域利益和区域意识。正如美国经济学家胡佛所指出的："一个区域，它之所以成为一个区域，就在于区内有一种认识到某种共同区域利益的一般意识。"这种意识是区域采取一些积极的措施，做出共同努力，提高区域福利水平的前提条件。

第三，区域具有客观性和动态性两个最根本的特征。一方面，区域是一个客观存在的现实现象，由此可以根据一定的目的对其加以描述，进而划区并揭示其一般规律；另一方面，区域又处于不断的演进变化之中，随着社会经济的发展，区域的内聚力将不断发生变化，继而导致区域特别是经济区域的结构、功能、规模和边界也发生变化。但是，在某一特定时期，区域一般具有一定的规模和比较明确的边界。根据区域类型的不同，区域边界可能是一条明确的边界线，或者是一条相互交叉融合的边界带。由于商品经济的不发达，在两个经济区域之间可能会暂时出现一些空隙地带即飞地。

第四，区域具有一定的等级体系，不同等级区域的规模可能相差甚大。一个城市工业区、一个大的经济地带甚至一个国家都可以看作一个区域。区域经济学主要以国内的区域作为其研究的地域单元。按照地域规模的大小，国内区域大体可分为地带级、大区级、省区级、市级、县级、乡镇级等多个层次。当然，区域并不是可无限分割的，它具有一定的最小规模即单元区规模。

区域经济发展是与区域经济增长密切相关的问题。区域经济增长是区域经济发展的基础。区域经济发展是一个包括经济增长、结构升级、技术创新、社会进步、社会福利提高等在内的更为宽泛、更为深刻的过程。区域经济发展包括三方面的含义：

第一，人均收入水平的提高，通常用人均 GDP 来衡量。这既是衡量经济增长的重要指标，也是衡量经济发展的重要标准。不同的是，仅仅有人均 GDP 的增长是不够的，还需要有与此相伴随的工业化和城市化水平的提高。

第二，以技术进步为基础的产业结构升级。有没有产业结构的升级是是否实现区域经济发展的基本判断标准。在发展中国家，产业结构的升级包括在 GDP 中，工业和第三产业的比重不断提高，第一产业所占比重则持续下降；在工业中，深加工工业和技术密集型产业的比重不断提高，传统的资源型产业和劳动密集型产业的比重不断下降；在第三产业中，新兴的、现代化的服务业比重不断提高，传统的一般性服务业比重则呈现下降的态势。产业结构的升级都是以技术进步和技术创新为前提条件的，技术层次更高的产业逐步成为经济发展的主要动力，就意味着区域经济发展到了一个新的阶段。

第三，城市化水平的提高。经济发展意味着更多的民众参与到经济发展中来，他们由传统的农民转化为现代产业工人，集聚到城镇中从事着效率更高的第二、第三产业活动，从而带动城市化水平的不断提高。如果一个国家和地区的工业化长期局限在少数地区或者城市进行,大量的民众生活在农村,并且限制进入城市,他们长期生活在贫困的边缘,与城市中迅速发展的工业化无关,既不能够参与其中,也不能够分享其成果,这样的将大部分人排除在外的工业化也不能算作经济发展。正因为如此,人们把工业化和城市化作为现代经济发展的两条主旋律,缺一不可。

第二节　区域经济增长的概念

在统计学上,经济增长是指工农业生产总值的增加,或社会总产值的增加,或国民生产总值、国内生产总值的增加,或国民收入的增加。总之,经济增长是指社会财富增多或国民产出量(output)的增多。这里的"产出量",既包括产品(物质产品、精神产品),也包括劳务。

美国经济学家西蒙·库兹涅茨(S. Kuznets)给经济增长所下的定义,可以说是经典性的。他在1966年出版的《现代经济增长》一书中指出:"一个国家的经济增长,可以定义为给居民提供种类日益繁多的经济产品的能力长期上升,这种不断增长的能力是建立在先进技术以及所需要的制度和思想意识之相应的调整的基础上的。"

库兹涅茨的这个定义,包括三个有机联系、不可分割的组成部分:

(1)经济增长集中表现在提供经济产品的能力长期上升或不断增长上。这里的经济产品,与前述产品和劳务是一致的,而且,提供经济产品的能力要"不断增长"或"长期上升",而不是偶尔爆发或时增时降。

(2)技术进步是实现经济增长的必要条件。只有依靠先进技术,才能使提供经济产品的能力不断增长。

(3)社会制度与思想意识的相应调整是先进技术得以发挥作用从而促进经济增长的充分条件。这就是说,经济增长不仅要依靠先进技术,而且要依靠社会制度和思想意识的相应调整,先进技术也只有在这种调整中才能发挥推动经济增长的作用。由此可见,库兹涅茨的这个定义,不仅体现了经济增长的实质性内容,即要给居民提供日益繁多的经济产品,而且包括"索洛—斯旺经济增长模型"和罗默尔"新经济增长理论"中关于技术进步是促进经济增长的重要因素的思想,还在诺思等人之前强调必须对社会制度和思想意识做相应调整,才能使提供经济产品的能力长期上升。因此,库兹涅茨的这个定义,是对各国经济增长历史经验的高度概括,是对现代经济增长理论的超前和精心提炼。

为此,对区域经济增长可定义为:一定区域内生产的经济商品和劳务在一定时期内增加,这里的增长是指区域经济总量增长,表现为规模增长、质量增长和效益增长的统一。作为判定区域经济是否增长的标准,一般采用一系列的经济指标,主要有国民生产总值的年增长率（GDP）、人均总产值、国民收入、价格变动、就业状况和人口基数等。

第三节　我国区域经济发展理论的流变

十一届三中全会以前，由于实行高度集中的计划经济，我国几乎没有相对独立的区域经济。改革开放以后，随着经济体制改革的深入推进，我国区域发展呈现出新的面貌。近年来，伴随着区域问题的增多和区域政策的实施，区域经济学研究日益繁荣，不同学科相继进入区域经济研究行列，研究领域日益扩大，学术水平不断提高，为构建新的区域经济理论做出了重要贡献。区域经济学成为当代经济学家最感兴趣，又深为政府决策部门所重视的经济学科之一。

一、我国区域经济研究的发端

1980 年，东北师范大学陈才教授在国内首次用"区域经济地理学原理"的名称开设区域经济地理学理论课，这是我国"区域经济地理学派"的开端。1982 年，夏禹龙、冯之浚在《研究与建议》第 8 期发表《梯度理论与区域发展》一文，"这是我国区域经济研究的开端"。1987 年，许维新、许晶心翻译了 H.H. 涅克拉索夫著的《区域经济学：理论·问题·方法》，这是我国引进出版的第一本以《区域经济学》命名的外国区域经济学著作。杨开忠在郝寿义《区域经济学原理》"序三"中说："这一时期，我国的区域经济学并没有取得正式独立的学科地位，而是依附于经济地理学、生产力布局学以及国民经济学。"主要研究内容是：沿海与内地问题、"三线"问题、集中与分散问题以及均衡布局问题等。

二、我国区域经济学的形成

1980 年中后期，随着区域经济问题日益突出，区域经济学应运而生。1987 年，陈才教授出版《区域经济地理学基本理论问题研究》。1989 年 4 月，程必定的《区域经济学：关于理论和政策问题的探讨》是我国第一本探讨区域经济运行规律的著作，标志着我国区域经济学的形成。1989 年 9 月，杨海田出版的《优化生存艺术的空间——区域经济学》一书"对区域经济学的过去和现在作以简介，并就区域经济学的相关问题进行探讨"。1989 年 12 月，周起业、刘再兴等的专著《区域经济学》，对区域经济学理论体系进行了难能可贵的探索与开创性建设。同年，杨开忠出版另一本较早研究中国区域经济的专著《中国区域发展研究》。1991 年，陈才出版《区域经济地理学原理》，对区域经济地理学理论进行了初步概括和总结。1993年，陈栋生任主编的《区域经济学》出版，该书内容上几乎是我国具体问题的学术升华。"这一阶段，国家计委地区经济司等组织各方面力量，先后开展了环渤海、长江中下游、东北、西南、西北以及长江流域、陇海、京九和南昆沿线等地区的区域规划研究。各地区也相继开展了地区产业结构调整、投资环境和竞争力评价、区域营销和形象建设等方面的研究。学术界则根据改革开放和国民经济发展的需要，逐步拓展了研究领域，如区域经济合作、区域经济一体化、区域发展差异、老工业基地改造以及区域政策等"。

三、我国区域经济学学科的建立

随着我国区域经济实践规模的日益扩大，更多的专家学者纷纷投身于区域经济研究行列，研究队伍日益壮大。1997年，国务院学位委员会将"城市经济学""经济地理"两个专业合并，并在应用经济学一级学科下设立了"区域经济学"二级学科。由此，区域经济学专业的硕士点与博士点不断增多，成为国内发展最为迅速的新型应用经济学科之一。近几年来，该学科涌现出大批代表性学术成果，郝寿义、安虎森于1999年、2004年主编了《区域经济学》；中国人民大学区域经济与城市管理研究所分别于1999年、2005年主编了"区域经济学系列丛书""区域经济学专业研究生系列教材"；魏后凯2006年主编了《现代区域经济学》；陈才2001年出版《区域经济地理学》，2009年出版《区域经济地理学》（第2版），对区域经济地理学不断创新，奠定了该学科的理论体系；郝寿义2007年撰写了《区域经济学原理》。随着中央先后实施西部大开发、中部崛起和东北老工业基地振兴战略，更多的学者加入区域政策和区域发展研究行列。

第二章 区域经济发展模式研究

第一节 我国区域经济发展模式的现状

一、我国区域经济发展模式的历史演进

新中国成立初期，为了改变生产力和经济布局严重偏集于沿海地区的不合理状况，同时也为国际环境所迫，在1956年社会主义三大改造基本完成之后，以毛泽东为核心的第一代领导集体在探索社会主义发展道路时结合我国具体国情，形成了以《论十大关系》为代表的新思路，其中提出"利用和发展沿海工业"以促进内地工业的均衡发展区域经济战略的构想，指出"我国工业过去集中在沿海。……全部轻工业和重工业，都有约70%在沿海，只有30%在内地。这是历史上形成的一种不合理状况。沿海的工业基地必须充分利用，但是，为了平衡工业发展的布局，内地工业必须大力发展"。所以改革开放前30年，我国基本上采取了区域经济平衡发展的总体战略。这一时期的区域经济发展模式目标侧重于发展落后地区，以缩小地区之间的差距，从总体上可以称为高度集权下以地区间平衡为目标的内陆地区重点发展模式。在这种战略和模式的指导下，我国将经济建设和发展的重点放在了内地，"三五"和"四五"计划时期甚至放在内陆边陲的西部地区，进行了"大三线"建设。实施内陆地区重点发展的模式对拓展中国生产力空间，加快中西部地区的城市化和工业化进程，改变旧中国地区经济严重不平衡的格局起到了积极作用，在全国各地经济，特别是建立以重工业为基础的相对完整的工业体系方面取得了巨大成就。但是这种模式同时也存在着资源配置效率低、重复建设和粗放型经济增长的缺陷，延缓了社会经济发展的进程，与世界发达国家的经济差距有所扩大。

十一届三中全会后，党和政府不断总结新中国成立以来区域经济发展模式的经验教训，理性地认识到，东部沿海与中西部地区经济发展是矛盾统一的，机械地追求和过分地

强调沿海和内地的均衡和公平而不顾及经济效益和经济发展效率,这样的区域经济发展不是真正意义上的协调发展,将导致全国经济发展滞后,沿海和内地只能是共同落后和贫穷。所以,1978年后我国开始实施区域经济"允许一部分地区先富起来"的重点发展东南沿海地区经济的"非均衡"发展模式。经济发展的重点放在了东部沿海地区,充分利用其各方面的优势条件,投资和政策双倾斜,以经济效益为中心,大规模吸引外部投资,以图改变前一时期经济发展效益差、速度慢的状况。区域经济非均衡协调发展模式的开创顺应了当代经济发展的客观趋势,符合中国社会主义初级阶段生产力发展不平衡的基本国情,有力地促进了各区域经济的协调快速发展,实现了东部沿海地区的经济高速增长。但是在我国经济取得巨大进展的同时,区域之间的差距也出现了拉大的趋势,其导致的区域发展差异和失衡问题成为我国新时期区域经济发展的最大障碍。

为了促进区域经济发展,缩小区域经济差距,20世纪90年代初党中央从制订"八五"计划起,开始酝酿区域经济发展模式的调整。2003年党的十六届三中全会审议通过的《中共中央关于完善社会主义市场经济体制若干问题的决定》,正式提出"统筹区域"的新型区域经济发展模式。强调在区域非均衡发展的同时,采取积极的方法,对这种不均衡进行适度的调控,以期实现区域整体经济的快速、健康和可持续发展。这种模式要求政府加强对区域发展的协调和指导,全面部署和兼顾东中西各大区域的发展,继续推进西部大开发,同时要有效地发挥中部地区的综合优势,在振兴东北地区等老工业基地上下功夫,按照完善社会主义市场经济体制的要求,统筹区域发展必须根据东、中、西部地带的经济发展情况和资源条件,确定不同的投资重点和恰当的投资比例,并通过发展横向联合,互通有无,互相支持,使东部地带的发展同中西部地带的开发更好地结合起来。这种模式直接有效地指导了现阶段我国区域经济发展的实践。

现在我国正全力建设社会主义现代化,这充分体现了社会主义制度的优越性和本质,代表了最广大劳动人民的利益和诉求。我国区域发展战略的转变,始终贯穿着"共同富裕"这一社会主义国家协调国内区域经济发展的基本原则。在目前这种形势下,为了解决区域经济发展不均衡的问题,我们必须适时实施目前最适合我国国情和实际的区域统筹协调发展战略,经济发达的东部沿海地区在发展自身经济的同时,大力支持中西部落后地区的经济发展,向其提供发展必需的人力、资金、先进技术等资源,先富带动后富并最终实现共同富裕。邓小平明确指出:"一部分地区发展快一点,带动大部分地区,这是加速发展,达到共同富裕的捷径。"

二、温州模式、苏南模式和浙江模式等典型区域发展模式的实践

在新时期"统筹区域"的非均衡协调经济发展模式的指导下,我国各地区都进行了切实有效的发展实践,并结合本地区的特殊优势发展出了适合本地区情况的区域经济发展

的典型模式。改革开放以来,东部沿海地区成为中国经济发展最快、最活跃的地区,并形成了各其特色的区域经济发展模式,其中的"珠江模式""苏南模式"和"温州模式"是较有代表性的两种模式。

"苏南模式"这个词是费孝通先生在1983年所写的《小城镇·再探索》一文中提出来的。从历史上看,苏南是洋务运动的重镇,也是近代民族工业的发源地,具有一定的工业基础。另外,苏南靠近上海,有苏州、无锡等国有工业基地,为苏南的发展提供了客观条件。

"苏南模式"通常是指江苏省的苏州、无锡和常州等地区通过发展乡镇企业实现非农化发展的方式。从20世纪70年代开始,苏南地区凭借临近上海等大中城市的地理优势,在农村大力发展乡镇企业,使大量劳动力从土地的束缚中解放出来,创造了"离土不离乡、进厂不进城"的奇迹,壮大了农村集体经济,推动了社会事业的快速发展,这就是著名的"苏南模式"。"苏南模式"的特点是:一是集体经济在国民经济中占主导地位。这是"苏南模式"区别于其他经济发展模式的最基本的特点,不仅反映该模式初创时的社会形态,而且决定着该模式的性质与发展方向。二是政府直接参与经济运行,这与以集体经济为主的经济格局相辅相成,是该模式从初创到繁荣的关键。但是,这样的特征带来的弊端也是显而易见、不可避免的。"苏南模式"遇到了如腐败、内部人员控制等问题。产生这些问题的根本原因在于"苏南模式"是自上而下由政府推动的。最初,有才能的人和社区干部的角色融合在一起催生和推动了乡村工业的发展,因而企业和社区政府之间的联系就是非常紧密的,这种联系就有可能成为制度性腐败和地方性腐败的温床。"苏南模式"滞后的主要原因来自这种内部的制约,现阶段已经不适合市场经济发展的需要和条件。

"温州模式"是指浙江省东南部的温州地区以家庭工业和专业化市场的方式发展非农产业,从而形成"小商品、大市场"的发展格局。小商品是指生产规模、技术含量和运输成本都较低的商品。大市场是指温州人在全国建立的市场网络。"温州模式"的特点是以家庭工业为基础的社会化生产,由供销员为发动骨干、以农村集镇为依托的新型产销基地、以专业化市场为纽带的市场运行机制。十五大之后,"温州模式"正式出现在官方的文件中。"温州模式"的主要特点是:产权多元化、产业富于特色、市场专业化、小城镇集聚度高。20世纪90年代初,许多温州人背井离乡做小生意、跑供销,足迹遍布全国,家庭工业和联户企业迅速成长起来。在这个基础上,一村一品、一乡一业的大型专业市场迅速崛起。整个80年代,温州人先是以"挂户企业"的变通,然后是股份合作制的创造,在制度创新方面一直走在全国其他区域的前面。20世纪90年代中期之后,"温州模式"进入制度、技术、市场和产品的全面创新阶段,工业和人口向城镇集聚,城镇建设市场化,产品和企业向规模化、公司制和品牌经营迈进,而本地专业市场进入衰退期。"温州模式"在形成之后很长一段时间内发挥了巨大的推动作用,使温州及其周边地区迅速成为经济发展高速增长区,也带动了浙江省的总体进步。一段时间内"温州模式"被认为是我国公认的最具活力的区域经济发展模式。但是任何一种模式都有其局限性和不足,"温州模式"也不例外。"温州模式"的局限性在于：第一，"温州模式"中的生产大都是以家长制为基础的家庭工业，而家长个人决策通常是独断专行，容易把企业带到错误的方向，甚至使企业因此垮台。第二，在家族经营制下，企业只能在有限的范围内挑选接班人，这就使得企业难以再向前发展。第三，家庭经营制是一种产权封闭的制度，它只能靠自身内部的积累来发展，这样的发展是有限的。

"珠江模式"与前两种区域经济发展模式相比主要是指一种工业化类型的发展类型，它属于外资型工业化类型。20世纪80年代初，珠三角的许多地方企业与"苏南模式"并没有本质区别，都属于政府型的企业，但是珠三角东部地区的经济发展道路与苏南有明显的不同，因为珠江三角洲地区历史上经济并不发达，但与中国香港在地缘上紧密相连，因此随着对外开放政策的实行，东莞等地成了中国香港劳动密集型产业外迁的首选之地。因此，"珠江模式"是以民营经济发展为主的模式，产业以外资企业为主，是政府发动和私人发动兼而有之的引进外资型的发展模式。这样的发展模式的优势是显而易见的，地方企业和政府可以在短时间内通过推出优惠措施来吸引外资，筹集资本发展经济。而且这些地方市场化程度高，企业成为市场主体，发展比较迅速。但是长此下去，企业对外资的依赖度越来越大，一旦市场环境有变，影响了外商投资的热情和信心，资金就会迅速流失，造成企业资金周转不灵，生产可能难以为继。所以我们在积极改善投资环境大力吸引外部资金的同时，更应该着重内部发展机制的完善，通过提高内部技术研发能力发展经济。

第二节 区域经济发展模式研究

一、国外区域经济发展模式

（一）欧洲联盟

欧洲联盟是成立最早、运行时间最长、一体化程度最高的区域经济一体化组织，也是迄今影响最大、最有活力、最成功的区域经济合作组织。欧洲联盟前身为欧洲共同体，即欧洲经济共同体、煤钢共同体和原子能共同体的统称。1993年11月，《欧洲联盟条约》（又称《马斯特里赫特条约》）生效，欧共体演化为欧洲联盟。它以德、法两国为核心推动力，以制度化合作演进为其基本特点。欧盟的主要机构有理事会、欧盟委员会、欧洲议会。此外还有欧洲法院（仲裁机构）、欧洲审计院和经社委员会等机构。它不仅突破了国别的限制，形成统一的欧洲大市场，而且统一了货币，产生了欧元，欧盟在统一大市场的基础上,实行货币交换、商品流通、人员流动、服务四大自由,区内自由贸易已经达到迄今为止世界上区域一体化的最高水平。

经过几十年的发展和建设,欧盟已建立了关税同盟,实行共同外贸、农业和渔业政策,创立了欧洲货币体系,建立了总预算制度。1993年1月统一大市场正式启动,基本实现了商品、人员、资本和服务的自由流通。随着1995年《申根协定》和1997年10月《阿姆斯特丹条约》的签署,欧盟在加强共同外交与安全政策及内政司法合作方面取得了进展。2002年1月1日,欧元现钞开始流通。2002年7月1日,欧元完全取代了11国货币,成为欧元区统一货币。

(二)北美自由贸易区

北美自由贸易区由美国、加拿大和墨西哥三国组成,是在原美国、加拿大自由贸易区基础上的扩大和延伸。美、加、墨三国于1992年8月12日宣布成立一个横跨北美洲的自由贸易区,1994年1月1日起施行。此协议促使三国3.8亿的消费者组成了一个庞大的市场,出口总值6134亿美元,进口总值7728亿美元。这是世界上第一个由最富有的发达国家和发展中国家组成的区域经济贸易集团。

《北美自由贸易协定》的签订,对北美各国乃至世界经济都产生了重大影响。它取消了关税和大量关税壁垒,使区域内贸易获得了迅速的发展。1993年至1998年,三个国家的三边贸易总额由3010亿美元猛增至5280亿美元,五年间增长了75%。投资和金融自由化规定的实施刺激了区域内投资增长和资金流动。贸易的增长为三个国家创造了很多就业机会。据统计,1994年到1998年,美国就业增长了7%、加拿大增长了10.1%、墨西哥增长了22%。协定的签订还提高了北美地区在全球经济中的地位。

(三)日本雁行模式

雁行模式的基本内涵:战后以来,率先实现工业化的日本依次把成熟了的或者具有潜在比较优势的产业转移到亚洲"四小龙",后者又将其成熟的产业依次转移到泰国、马来西亚、菲律宾、印度尼西亚等。20世纪80年代初,中国东部沿海地区也开始参与东亚国际分工体系,勾勒出一幅以日本为"领头雁"的东亚经济发展的雁行图景。

随着东南亚金融危机的爆发,雁行模式引起了人们的重新审视。20世纪90年代以前,日本通过直接投资推行的雁行模式确实对东亚经济增长起到了重要的推动作用,也一度因此而成为世界经济增长点,其积极作用显而易见。中国经济的崛起,使以往的梯度经济转移已不可能。中国经济的发展使国际产业分工变化,带动了区内经济的发展脱离了以往的经济运行轨迹,走向新的经济合作模式。日本充当亚洲经济发展领头羊的"雁行结构"发展态势已经被打破,随着中国经济的持续增长,雁行模式将被"大竞争格局"(也有学者称为"群马模式")代替。亚洲已进入真正的竞争时代。

(四)美国亚太扇形模式

这一模式认为,美国同太平洋其他国家的关系犹如一把打开的扇子。基轴是美国,由东向西辐射,扇子的主干线是美日同盟,其他三条射线位于骨干线两侧,分别由美国与韩国、东盟国家和南太平洋联盟构成。而以共同利益为基础的亚太经济合作进程就像纤维组织一样,把骨干线和其他射线有机地连接起来。扇形模式以美国为核心,目的是保住美国的霸主地位。

二、国内区域经济发展模式

(一)苏南模式

"苏南模式"是对无锡、苏州、常州地区经济发展历史进程与主要走向的一种概括。它首先反映苏南地区从农业经济向工业经济转变的历史,是我国农村地区率先启动与展开工业化的历史。20世纪七八十年代,苏南地区通过"乡镇企业化",即农民办工业、发展乡镇企业,走上了农业工业化的特殊道路,而西方古典工业的道路是"城市—工业、农村—农业",农村不仅搞农业,也发展工业,这是出现在苏南地区的一种新生事物,在高度集中的计划经济体制时期,苏南地区一部分农村能人依托当地政府组织辖区内可支配控制经济资源,创办农村集体工业,在政企高度合一的制度框架下,走低资本高负债率的扩张道路,成功地推进了农村工业化的进程。

"苏南模式"反映的苏南农村初期工业化是一种弱质工业化,首先表现为简单的工业转移。许多乡镇企业通过购买城市淘汰的工业设备,生产劳动密集型产品和城市工业的配套产品,带来两个问题:一是产品档次低、技术含量低、市场竞争力低;二是设备陈旧、产品同构、产业升级成本大、结构调整困难。其次表现为工业劳动力素质低。乡镇工业企业职工基本上来自农村、文化程度不高、工业技能缺乏、自主创新能力不足。最后表现为分散化。农民办工业,初期创业成本低,利用集体用房、农民住房办企业,规模型企业少、集约化程度不高。随着国内市场化进程的不断加速,资源配置由计划配置为主逐渐转变为以市场配置为主,乡镇企业依赖政府所获得的制度租大大减少,使原先的制度效率逐渐丧失。1995年之后,苏南地区的乡镇企业开始了大规模的产权制度改革,对乡镇企业的控制权和剩余索取权在企业和政府之间重新做出安排,使之从制度的低效率中解脱出来。乡镇企业存量转股、拍卖转让、租赁经营、兼并重组、划股出售、分立破产的方式,盘活转换集体存量资产,吸引企业的干部职工入股,带动个人、社会法人、外商等多元化的增量资本,初步形成投资主体多元化的格局。同时推进外向型发展战略,不断深化产权嫁接,引进和利用境外资源以推进区域经济发展的国际化进程。

(二)温州模式

"温州模式"是小商品经营模式,是以特定的商品做出的特定经营和特定组合,其主要覆盖在日用品小商品及其关联的范围内。小商品的多元细化,造就了温州商品生产方式上的特色。改革开放前,温州地区的国有工业基础差,农村集体经济力量脆弱,当时在地方经济中的直接作用并不突出，而且农民人均耕地少，仅以农事难以养家糊口，大量农民外出经商务工以谋生，这使温州地区储存了大量的具有市场经济知识的人力资本，从而制度变迁的初始条件与实施成本决定了温州地区制度变迁的主体——开始就是家庭工商企业这一微观经济主体。家庭工商企业产权相对清晰，而良好界定的产权使拥有者能把他的努力结果转让给他的后裔，这强化了家庭作为一个社会的单位，因此具有较大的正的激励效应。此后，家庭工商企业在与政府博弈的过程中形成大量"红帽子"企业，披上合法化外衣以寻求合法化保护，从而降低"非法化"所带来的交易成本和效率损失。随着经济的发展与市场竞争的日益加剧，原有制度的弊端逐渐显露出来，企业的竞争力低下与被挂户方出现信用危机，整个地区都出现了商品信誉危机，政府不得不对"红帽子"企业的控制权重新做出安排，于是温州地区开始了新一轮的制度变迁——股份合作制改造，股份合作制部分替代了资金市场和人力资本市场，使市场交易费用部分地内部消化了，还可以从相关政策中获取一定的制度租和人力资本市场，也更便于政府的引导、管理和监督。

（三）浦东模式

　　该模式具有一种典型的外生型特征。浦东作为我国与世界进行经济交流的重要基地，是面对国际市场的外向型经济。改革开放初期，国内市场处于卖方市场，早期培育起来的市场优势惯性，使得浦东的轻工业在卖方市场的影响下缺乏改革的压力和动力，但随着卖方市场逐渐转为买方市场，长期计划经济体制下新产业的制度惯性，使市场化改革的难度加大。20世纪80年代放权让利的政策并没有让国有企业成为真正的市场主体。1994年开始，按现代企业制度的基本要求，立足于整体搞活国有经济，国有企业的面貌有了很大改观，国有企业与其他所有制企业成为颇具活力的市场主体。多元化、高要求市场体系的建设和逐步完善，使得上海浦东具备国际经济中心城市的集散、生产、管理、服务和创新功能。浦东的开放开发，大量地利用外资，使上海浦东新区在体制创新、产业升级、扩大开放等方面走在全国的前面，强劲地发挥着示范、辐射、带动作用，优越的地理位置和雄厚的经济基础，再结合原有的经济地位，使特许的制度安排为上海带来了巨大的制度租。

（四）长三角、珠三角模式

　　长江三角洲和珠江三角洲是我国经济最活跃，也是区域联动发展最前沿的两个地区。长三角已形成以上海为中心包括江苏、浙江的城市在内的城市群，长三角内诸城市资源共享、优势互补。近些年来，安徽、山东、江西的一些城市也融入其中。珠三角先由珠江两岸的城市组成"小珠三角"，继而扩大为包括香港、澳门在内的"大珠三角"，进而又构建"9+2"的"珠三角"。长三角、珠三角的城市功能定位，城市功能协调均是与本地资源、资金、人才的状况相匹配的，深圳市原本是依托中国香港"前店后厂"发展起来的。近年来，深圳与香港都面临着经济转型、提升国际竞争力的迫切任务，香港发挥金融、外贸、港口的服务优势,深圳着重发展制造业,同时加强与香港在物流与金融方面的合作,广州是辐射华南的大都市,主要以汽车、电子仪器、石油化工为支柱产业,佛山作为广佛经济圈的一部分,与广州分工合作,承接辐射,实现错位发展,东莞则以制造业名城为发展目标,着重在物流、产业提升方面与香港开展合作。

长三角、珠三角在调整产业结构方面,组建产业链和产业集群,通过以高速公路网为主体的现代化交通网络来推动区域一体化,以上海为中心的"一小时圈""两小时圈"已基本覆盖长三角所有的城市。2003年7月,广东省投资1000亿元正式启动以广州为中心,连接珠三角9个城市的快速轨道交通网,高速交通的建成使三角洲诸城市骨架相连,增强了城市群的整体形象与经营效益,同时在人才、教育、科技方面逐步走向一体化。长三角一市二省人事部门共同签署了《长江三角洲人才开发一体化共同宣言》,达成六项协议:专业技术任职资格互认,专业技术人员继续教育资源共享,博士后工作合作,人才服务合作,公务员互派,联合举办教育论坛。上海和江苏已签署了教育合作意向书,在两地轮流举办"沪苏教育论坛",推动两地高校优质教育资源共享,探索两地名牌高校到对方开办独立设置的学院,加强两地高校科研合作、毕业生就业合作、学分互认和师资互聘等。长三角16城市已结成知识产权保护联盟,决定联通专利技术交易网、专利行政保护协作执法网,共建知识产权预警机制、长三角知识产权专家库。

第三节 资源角度的区域循环经济发展模式研究

与产业角度区域循环经济发展模式相呼应的是资源角度的区域循环经济发展模式,二者虽然存在联系,但是角度不同,各产业属于静态的处理单元,而资源则是动态的被处理者,而且产业和资源并不完全对应,并不是所有的资源都会和产业发生联系,所以从资源角度研究区域循环经济发展模式也同样重要。本节首先分析水资源、能源、土地、固体废物四种资源的循环经济发展模式,然后在此基础上,提出资源角度的区域循环经济发展模式。需要说明的是,这里涉及的针对各项资源的循环经济措施大都是经历过实践检验的,在技术上都是可行的,只是由于成本等因素的限制,有些措施还没有普遍实施。但这些措施都是很有前景的。随着技术的进步以及市场需求的进一步提升,当成本大幅降低以后,这些措施将会得到大规模的普及。

一、水资源的循环经济发展模式

水资源是人类和一切生物赖以生存的基础,而且在绝大多数产业中都是必不可少的资源,任何区域对水资源的需求都很大,而且对水质也有很高的要求,水资源利用以后又会产生大量废水,所以必须全面实施循环经济,具体包括水资源的开发、水资源的保护、水资源的节约以及水资源的再生。

（一）水资源的开发

地球上水资源的总量很多,但其中可利用的淡水比例极少,而且分布极不均匀,很多区域都面临水资源短缺,因此需要采取多种措施从源头上增加水量,目前比较成熟的方法有跨流域调水、雨水收集、海水淡化、微咸水利用等。

跨流域调水是通过改变河流流向,或修建大流量的运河,或者建设大规模的输水管道等方式,将多水区域的部分水资源转移到缺水区域,以便促进缺水区域的发展。我国的京杭大运河是世界上最早的跨流域调水工程,至今已服务2500多年。跨流域调水能够解决补水问题,但是调水的建设成本较高,还涉及生态平衡的问题,所以并不是最佳的方案,不宜轻易采用。

雨水收集主要是通过集雨设施对雨水进行汇总,雨水资源获取容易而且数量可观,因此可以作为增加水源的主要方式,对海岛等区域尤为适用,收集的雨水可以直接用于灌溉和洗车等,处理以后还可以作为饮用水。因此,城市区域应该建设完善的雨污分流设施,以便使雨水得到专门的汇总。目前,日本、澳大利亚、新加坡等国的雨水收集系统比较完善,日本主要在大型设施上设置雨水利用装置,澳大利亚以农村地区的单户家庭为主,新加坡在每栋建筑物的楼顶都建有蓄水池,收集的雨水会被传送到专门的水库。

海水淡化是另一种增加水源的有效方法,主要利用海水脱盐来生产淡水,适用于沿海地区。海水淡化目前主要采用反渗透法,也有海水冻结法、电渗析法、蒸馏法等,反渗透法技术成熟、设备简单、易于维护,且不受时空和气候影响,水质较好,价格逐渐趋于合理,因此是海水淡化的首选方案。目前,全球共有120个国家开展了海水淡化的工作,建成了1.3万座海水淡化厂,其中中东地区一些国家的淡化海水量达到了淡水供应总量的80%以上。另外,海水也可以直接利用,除了合理发展渔业养殖以外,还可以用于沿海地区的工业企业的循环冷却水。

微咸水目前主要在农业领域试用,微咸水只适用于特定的土壤条件,只能对少数作物进行灌溉,而且最好采用滴灌方式,避免盐分在植物根部聚集。目前,西班牙和以色列的微咸水利用比较领先,西班牙主要在干旱地区推广微咸水灌溉,以色列主要利用微咸水灌溉棉花、西红柿、西瓜等,取得了比较好的效果。

（二）水资源的保护

水资源保护是合理用水的首要环节,首先要合理设计水源地的开采规模,对于工业农业的取水总量实行限制,用水强度过大会使水源地丧失原有的生态功能,供水能力也会逐渐减弱;对地下水要有节制地开采,严格防止地面沉降和海水倒灌,需要定期检测地下水的水位和水质情况,出现问题时必须及时对地下水进行回补;还要合理建设水利设施，及时疏浚河道和地下排水设施，尽可能地避免洪水和内涝发生。

其次是防治污染，要加强水环境立法和监督，强化企业的水资源和水环境保护意识和责任感，严格限制企业的废水排放总量，所排废水必须完全达标，还要对可能的污染物进行安全隔离，从源头上杜绝水污染事故的发生；要增强全民的环保意识，减少生活污水的产生量；要减少向湖泊中排放污水，因为湖泊水量有限，自净能力相对较差；河流往往会流经多个区域，因此有必要加强区域间的协作，要以法规的形式将全流域的用水机制加以约束，下游区域也应该对上游区域进行一定的生态补偿。

最后是地表水域的生态修复，要杜绝向河流、湖泊等水体中排放工业废物和生活垃圾，已经污染的必须尽快修复，避免水体富营养化，减少藻类的繁殖；对于河岸、湖岸要用绿色植被替代传统的硬覆盖方式，尽可能地恢复河道原有的宽度和自然状态，还可以建设水下植被缓冲带、水畔绿色廊道，增强河流的生态功能。

（三）水资源的节约

为了解决水资源短缺的问题，必须加强节约用水，节水的途径也有很多种，总体可以概括为农业节水、工业节水、生活节水以及管网节水。

农业节水主要是对灌溉方式进行改进，将传统的地面漫灌的方式转变为喷灌、滴灌和渗灌等，喷灌是经过输水增压以后利用转动喷头进行喷洒灌溉，能使水变成细滴，均匀地散布到农田中，能够有效地减少地表径流和深层渗透。滴灌主要将水通过滴头直接滴在植物根部进行灌溉，这种方法比喷灌更节水。渗灌主要是将灌溉水注入地下的渗水管道，利用土壤的毛细管作用来湿润土壤，从而达到灌溉的目的，是目前最节水的方案，但是投资相对较高，而且不易维护。

工业是水资源节约的最主要领域，根据国家工业和信息化部公布的数据，我国的单位GDP用水量远高于发达国家的平均水平，节水任务艰巨，潜力巨大。工业企业需要进一步加大节水工作的力度，不但要改善工艺，淘汰那些水耗高于行业平均水平的工艺，还要积极采用节水型设备，特别是用水量较大的钢铁、纺织、造纸和食品行业，要严格执行国家的取水标准。另外还应该加强对海水、雨水、矿井水、再生水、微咸水等资源的利用，以便替代新鲜水。

生活节水主要是由公众在日常生活中强化节水意识，采用先进的节水器具，节水设备发展较快，目前主要有水流调节器、减压阀、延时自关水龙头、起泡器、节水型的厕所和淋浴头等，虽然这些设备成本较高，但是在使用过程中能够节约大量的水资源，不但能够在短时间内收回成本，而且节约的效果能够持续很久。另外，还要注重一水多用和重复利用，一水多用也可以称为梯级用水，可以使水资源相继发挥多种功能。管网节水主要是强化防渗漏技术，输水管道如果由于老化或腐蚀而发生渗漏，将会造成巨大的资源浪费，因此需要密切监测管网的运行状况，加强对管网的维护，必要时需要及时更新。

（四）水资源的再生

水资源经过利用以后就会成为污水，污水一般分为生产污水和生活污水，生产污水包括工业污水、农业污水和医疗污水等，生活污水主要是日常生活中产生的污水。应该根据污水的性质采取合适的处理方法，并尽可能地对处理后的水进行再利用。

污水处理一般包括三级处理，一级处理主要是去除污水中的固体悬浮物质，可以采用物理处理法，但经过一级处理后的污水还达不到排放标准；二级处理主要去除污水中的胶体以及溶解状态的有机物质，一般情况下生化需氧量和化学需氧量的去除率能够达到90%以上，经过二级处理以后基本可以达到排放标准，可以作为再生水（也称为中水）在一定范围内使用；三级处理主要是对剩余的难降解有机物以及氮、磷等可溶性无机物进行处理，主要方法有混凝沉淀法、活性炭吸附法、离子交换法和电渗析法等，经过三级处理以后，水质能够显著改善，可以应用到更多的层面。

再生水利用（也称为中水回用）技术可行、成本较低，国内外已经有不少成功案例，我国还发布了《污水再生利用工程设计规范》《建设中水设计规范》等系列标准，用于指导再生水项目的建设实践。各类项目产生的再生水已经广泛地应用于工业循环、农业灌溉、市政绿化、河道补给、生活杂用、地下水回灌等。再生水利用使污水处理厂成为新的水源地，不但有助于解决水资源短缺问题，还能够有效地减少水体污染。

（五）水资源的循环经济发展模式

上述分析表明，水资源的循环经济发展模式是以水资源的源头增量为起点，以水体保护和水资源的节约利用为核心，并以污水处理和再生水利用为回归的一种模式。

二、能源的循环经济发展模式

能源是区域社会和经济发展的基本驱动力，能源的分类有多种方式，按照基本形态能源可以分为一次能源和二次能源，一次能源还可以分为可再生能源和不可再生能源；根据燃烧属性可以分为燃料型能源和非燃料型能源；根据污染程度可以分为污染能源和清洁能源；根据开发利用的程度可以分为常规能源和新能源。随着区域工业化和城市化的不断推进，能源供需形势严峻，能源开采和利用过程中的环境污染也很严重。前文的产业分析中曾经涉及部分能源的循环经济模式，此处主要是从资源的角度重新探讨。

（一）常规能源优化

常规能源包括煤炭、石油、天然气、核能、水能等，其中的煤炭、石油、天然气和核能属于不可再生能源，水能属于可再生能源。常规能源的优化包括总量增加和开发方式优化，总量增加主要是通过勘探新的资源田，增加可开采资源的储量；在优化开发方面，各种资源的侧重点有所不同。

煤炭资源方面，传统的煤炭开采和利用方式会带来严重的环境污染，开采过程会排放大量煤矸、矿井水和煤层气，对大气和土地都会造成影响；煤炭利用以动力煤和炼焦煤为主，动力煤主要用于火力发电、锅炉供热、生活燃料、工业生产等，炼焦煤主要用于钢铁生产，利用过程中会产生大量的炉渣、粉煤灰和二氧化碳，环境污染也很严重。鉴于此，煤炭资源的优化也应该在开采和利用环节同时开展，在开采环节，必须实施全域的统一管理，统一规划，尽可能地建设大型的煤炭基地，严格控制单位产值的能耗，提供全面的洁净煤产品，同时可以在煤矿附近建设大型的坑口电厂，将部分煤炭转化为电力输出，以便缓解铁路运输压力。另外，还可以利用煤矸石、煤渣、粉煤灰就地生产水泥和矸石砖等建筑材料，可以开展矿井水和共伴生资源的综合利用，通过多种途径共同提高各种资源的利用效率。在利用环节，要尽可能地减少煤炭产品的使用，用其他产品替代煤产品，同时加强废弃物的回收利用，尤其要加强炼焦过程中的焦炉煤气的回收，不但能够获得新的燃料，同时还有助于减少环境污染。

  石油资源在开采、加工和利用的过程中都会造成比较严重的环境污染，因此，石油资源的优化体现在三个方面：首先要加强开采过程中的环境保护，陆地开采要对含油污泥和废水进行及时处理，海洋开采要尽可能避免对海底生态环境的破坏，还要降低原油开采能耗。其次是炼油过程的资源节约，要珍惜每一滴原油，尽可能将所有原油转化为产品，同时在转化过程中要尽可能地降低能源消耗，要将炼油综合能耗和乙烯综合能耗等指标降到最低。最后是石油产品利用过程中的节约，其中重点是汽车燃油的节约，要鼓励公众减少私人交通工具的使用，日常使用时也要通过良好的驾驶方式来实现节油。另外，还可以用液化石油气、压缩天然气或者乙醇等燃料来替代汽油和柴油。

  天然气是指天然蕴藏于地层中的烃类和非烃类气体的混合物，主要成分为甲烷，主要存在于油田、气田、煤层、泥火山等之中，多数人都会认为天然气大都与石油伴生，世界上已探明的天然气有两种，约有 90% 都不是与石油伴生的，而是以单独的纯气藏或者凝析气藏的形式形成含气带或者含气区，因此可以说天然气与石油有密切的联系，但天然气也有独特的形成规律。天然气储量丰富，热效率高，而且比煤炭和石油更洁净，是理想的能源形式，有必要对其利用方式进行进一步的优化。首先，要加强天然气资源的收集，减少自然排空量；其次，要优化天然气的使用结构，适当提高工业用气的价格，应限制天然气化工的产业规模，鼓励发展天然气发电；再次，要完善天然气基础设施，积极引入区域外部的天然气资源，建设天然气储配站，优化天然气管网的地下布局，扩大天然气资源的利用范围；最后，要加大天然气汽车的使用力度，可以从公交车和出租车等公共交通工具入手，率先将传统的燃油方式转换为燃气方式，然后再引导企业和公众逐步改善。

  核能经过多年发展，技术日臻成熟，已经被很多国家列为常规能源，目前以核裂变为主体，核聚变为辅助，主要通过发电来提供能量。核能拥有很多显著的优势，首先，核燃料能量密度极高，燃料体积小，运输和储存都很方便；其次，核能发电成本中燃料费用的比例较小，而且铀燃料除了发电以外，暂时还没有其他的民用途径；最后，核能发电不会产生加重温室效应的二氧化碳，更不会产生丝毫的粉尘污染。但是，核能也存在很多缺点,比如核电设施建设成本极高,电厂极易亏损;核电的热效率较低,会向周围环境排放大量废热,导致电厂周边热污染严重。另外最严重的问题就是核辐射,核电厂会产生很多放射性废弃物,虽然总量不多,但放射性极强,而且电厂的反应堆内的放射性物质一旦发生泄漏,将会造成难以挽回的严重后果。所以核能利用也需要进行优化,其重点就是核安全问题,必须全面加强放射性物质的管理,要确保核资源开采和利用设施的安全,要反复论证核电厂的选址和规模,务必确保核设施的正常运行,严格防范事故的发生,一旦发生事故,要不惜一切代价将事故影响最小化。

水能是蕴藏于天然水流中的位能、压能和动能等能源资源的统称,狭义的水能是指河流的水能,广义上还包括海洋的潮汐能、波浪能、洋流能等;后者统称为海洋能,属于新能源的范畴。由于自然界中的水循环是一种循环往复的过程,所以水能是一种可再生能源,而且无污染。通过建设水电站可以将水能转变为机械能和电能,水电站不需要燃料,发电成本低,而且兼具防洪、航运、养殖、旅游等多种功能,通常被称为综合水利枢纽。但是水电对河道上下游的生态环境影响较重,发电量会受季节影响,而且水电站建设期间会淹没上游农田、城镇甚至文化遗迹,同时还需要开展大规模的移民工作,而且基础设施的建设成本也相当高。因此,为了更好地利用水能资源,必须制订更加宏观的水资源综合利用规划,实施全流域综合开发,对水电站的布局、选址、装机容量、建设方案等做出更科学的决策,在具体开发过程中必须将环境保护放到首位,施工期间要注意防治粉尘污染,控制施工机械和车辆的废气排放,合理处置施工产生的固体废物,减少噪声污染,还要注意防止水土流失和动植物保护。建成投产后要密切监测全流域生态状况的变化,及时对下游所需的泥沙和营养物质进行补给,要合理确定下游的生态需水量,还要加大对流域中的鱼类、贝类等生物的保护力度。

(二)新能源的开发

新能源是指尚未大规模地利用并且正在积极研究开发的能源,目前主要有太阳能、风能、生物质能、地热能、海洋能、氢能等,这些能源都是直接或间接地来自太阳或地球内部所产生的热能,新能源普遍具有污染少、储量大等特征,能够有效地解决常规能源的资源枯竭和环境污染问题。对新能源应该以技术研发为主,需要尽快降低各类新能源的开发成本,同时还应不断探索其他的新能源方式。

太阳能是来自太阳光的辐射能量,目前太阳每年投射到地球表面的辐射能高达1.05×10^{18}千瓦时,约等于1.29×10^{18}吨标准煤,相当于全球每年常规能源消耗量的7500多倍,而且辐射量稳定,容易获取,清洁无污染,因此太阳能将成为替代化石能源的主要能源。太阳能的利用形式主要有光热转换、光电转换和光化学转换。光热转换是通过吸收或反射等方式将太阳辐射能集中起来,转换成足够高温度的过程,具体方法包括太阳能热水器和温室大棚等。光电转换主要是指光伏发电,主要是利用半导体界面的光生伏特效应将光能转变为电能,其关键装置是太阳能电池,这种方式所产生的电能主要用于三个途径：一是为无电场合提供电源；二是服务于太阳能电子产品；三是并网发电。这三种途径在发达国家已经全面展开，成本下降趋势明显；也有区域采用光热发电的形式，利用光热转换所获取的热能来生产蒸汽，继而驱动汽轮发电机来产生电能，这种发电方式的成本相对较低。光化学转换主要包括光合作用和光分解水制氢等，前者主要通过大面积的植树造林来实现，能够以有机物的形式同时存储碳和氢，后者直接产生氢气，这也是理想的能源转换形式。

风能主要是地球表面空气流动所产生的动能，也是永不枯竭的可再生能源，目前全球风能资源高达 5.3×10^{13} 千瓦时，相当于全球每年用电量的两倍。风能在很多国家都有悠久的利用历史，现在利用涡轮叶片可以将风能转化为电能。随着技术的进步，风力发电的成本已经低于火力发电，因此近几年风力发电发展迅速。风电设备多为立体化设施，不会产生污染物，但还是有很多不足，如需要占用大量土地，噪声污染较大，设备易损坏，而且最主要的问题就是风速不稳定，无法产生连续稳定的电源，而且转换效率较低。尽管如此，风能还是非常具有竞争力的，只要风力资源充沛，不但可以在边远山区建场，还可以在海岸甚至是海上建设基地，开发潜力巨大。

生物质能本质上是太阳能以化学能的形式储存在生物质中的能源形式，与绿色植物的光合作用直接或间接相关。生物质包括的内容很广泛，有代表性的有机质有农作物、农业废弃物、木材、林业废弃物、动物排泄物、生活垃圾等。生物质能是世界上第四大能源，仅次于煤炭、石油和天然气，同时也是唯一可再生的碳源，经过技术处理以后可以转化为常规的固态、液态或气态燃料，也可以直接用于发电，利用前景十分广阔。

地热能是从地壳中抽取的天然热能，热量主要来自地球内部的熔岩，早期的地热利用主要是温泉沐浴，现代的地热利用方式主要是地热发电和地热供暖。地热发电的原理和火力发电相同，都是将蒸汽的热能转化为汽轮机的机械能，然后带动发电机产生电能，但地热发电不需要消耗燃料，而是以地下的天然蒸汽和热水作为热载体，因此地热发电包括蒸汽型地热发电和热水型地热发电两种形式。地热供暖方法简单，成本较低，受到了很多国家的高度重视。冰岛早在 1928 年就在首都雷克雅未克建成了世界上第一个地热供热系统，不但可供居民生活使用，还能给部分工厂提供热源。

海洋能是指存在于海水中的可再生能源，具体的能源形式包括潮汐能、波浪能、洋流能、温差能、盐度梯度能等。从来源上看，潮汐能和洋流能主要来自月球和其他天体的引力，其他的形式都是来源于太阳辐射；从能源属性上看，温差能属于热能，其他的形式都属于机械能。海洋能储量大，可再生，但是分布不均，能量不稳定，开发难度较大，而且很容易破坏原有的生态系统，所以开发利用时需要综合分析，判断本区域是否具备利用海洋能的条件，然后可以先从潮汐能和波浪能入手，合理设置发电机组的规模，力争将生态环境影响降到最小。

氢能主要是通过氢气和氧气反应产生的能量，本质上是化学能，反应之后只会产生水，所以氢能是最优质、最清洁的燃料。氢是宇宙中分布最广泛的物质，占宇宙质量 75%

以上，可以作为人类的终极能源。氢在地球上主要以化合态的形式出现，其中的主要能源形式氢气在自然界中几乎不存在，需要通过一定的方法来制取，所以氢能属于典型的二次能源，制取的方法主要有水电解制氢、煤炭汽化制氢、重油及天然气水蒸气催化转化制氢等，其中只有水电解制氢是可再生的方式，但在电解水过程中需要消耗大量能源，所以用传统的化石能源来分解是不值得的，只能利用太阳能分解。太阳能制氢已经得到了很多国家的高度重视，也探索了很多方法，主要包括太阳能发电电解水制氢、太阳能热分解水制氢、阳光催化光解水制氢、太阳能生物制氢等，但是这些方法的成本普遍较高，因此还需要在这一领域继续探索，从而获得成本更低的氢能资源。氢能不但可以用于燃烧发电，还可以驱动交通工具，制造氢燃料电池等，另外氢的同位素氘还是核聚变的重要原料，而核聚变产生的巨大能量也是核能的主要形式之一。

除了上述的能源形式以外，蕴藏在废弃物中的能源也不容忽视，可以统称为废物能。有机废物中的能源开发可以归入生物质能，但还有很多无机废物也含有大量能量，比如煤炭开采过程所排放的煤矸石，在传统视角下是典型的废弃物，需要购买土地专门堆放，而矸石还会发生自燃，不但会严重污染空气，还会导致火灾；煤炭洗选厂产生的煤泥以及炼焦过程所产生的焦炉煤气也曾经被视为废弃物。但实际上，这些废弃物中都含有极高的热值，完全可以通过单纯的燃烧发电从中提取能量，现在已经有很多区域和企业都意识到了这一问题，并开始陆续建设矸石发电厂、煤泥发电厂、焦炉煤气发电厂等，这些废弃物也得以重新成为资源。

（三）能源节约利用

根据《中华人民共和国节约能源法》，能源节约是指加强能源管理，采用经济上合理、技术上可行、社会和环境能够承受的措施，减少从能源生产到消费各个环节中的损失和浪费，更加有效、合理地利用能源。能源节约主要集中在三个领域，一是能源生产环节中的节能，二是一般工业用能的节约，三是生活用能的节约。

能源生产环节的节能是非常重要的，能源生产部门往往也是能源的消耗大户，煤炭的掘井、开采、通风、传送、洗选、加工、运输，原油的钻井、注水、提升、炼油、化工，电力的生产、输送等各个环节都会消耗大量的能源。通过横向比较可以发现，我国的煤炭和石油产品的能耗普遍比国外先进水平高很多，其原因主要来自三方面：首先，管理不科学，许多能源企业节能降耗的意识不强、积极性不高，在生产中盲目追求产量，管理方式粗放，缺乏材料消耗的跟踪监督制度，跑冒滴漏现象严重。其次，资源浪费严重，很多企业都以优质易采资源为重点，忽视低质难采资源，于是大量能源被白白遗弃。最后，设备工艺落后，一些企业为了降低开采成本，很少进行技术更新，也不引进先进的设备，节能降耗的投入也很少，导致能耗始终偏高。这些现象都需要从根本上加以改进，而且需要尽快改进。

一般工业用能的节约也同样重要，措施可以归纳为四个方面：一是逐步淘汰高耗能和产能过剩的产业和企业，根据国家的统计，目前我国的高耗能产业主要有石油加工、炼焦及核燃料加工业、化学燃料及化学制品制造业、非金属矿物制造业、黑色金属冶炼及压延加工业、有色金属冶炼及压延加工业、电力热力的生产和供应业等。另外，国家在2009年将钢铁、水泥、平板玻璃、煤化工、多晶硅、风电确定为六大产能过剩产业，区域政府部门需要根据国家的政策及时对本区域进行调整。二是加大能源管理力度，企业需要制定完善的能源使用制度，对各车间的耗能工序进行全面监管，严格限定每个环节的用能时段和具体标准，用电环节要加强用电设备的管理与维护，发现故障及时排除，确保设备的状态良好，用煤环节要严格检验煤炭质量，做好用煤计量，用气环节要加强设备和管道的保养，力争实现零泄漏。三是实施能源梯级利用，要按照能源品位逐级加以利用。例如，在热电联产以及地热系统中，高中温蒸汽可以先用于发电以及生产工艺，待其温度降低以后，再和低温余热一起用于居民供热。四是加强余热回收及利用，余热是指生产过程中所排出的高于环境温度的物质所载有的热能，主要包括高温废气余热、废气废水余热、化学反应余热、冷却介质余热、高温产品和炉渣余热等。调查表明，各行业的余热总资源占能源消耗总量的17%~67%，而其中60%以上都可以回收，余热回收以后可以直接再次利用，也可以用于发电。

生活用能的节约主要由公众负责完成，从能源类型上看，主要包括用电节约、燃油节约、燃气节约、热能节约等。节约用电不是不用电、少用电，而是科学用电，可以根据中国节能产品认证标志购买高能效的家电产品，选用节能型的灯具设备。虽然采购成本相对较高，但是使用后所节约的电费足以覆盖价差，还会有不少剩余。燃油节约主要是针对交通工具，公众应该尽量采用公共交通方式，减少私人车辆的使用，或者购买小排量汽车，日常使用时需要采用科学的驾驶方式，减少燃油消耗。燃气节约主要是合理安排烹饪顺序，避免燃气空烧，还可以用电磁炉和微波炉来替代燃气。热能节约是比较重要的领域，区域政府应该进一步完善集中供热设施，将锅炉污染最小化，还应该在住宅内统一安装温度调节装置，促进分户计量的深化。

（四）能源的循环经济发展模式

上述分析表明，能源的循环经济发展模式是以常规能源的优化和新能源开发为起点，以增加能源总量和优化能源结构为目标，以能源节约和梯级利用为核心，以工业能源余热利用和生活能源分户计量为特色的发展模式。

三、土地资源的循环经济发展模式

土地资源是在当前社会经济技术条件下能够被人类开发利用的土地，是由地形、土壤、植被、水文和气候等因素组成的自然综合体，是人类最重要的生产资料，也是一切生产和生活活动的载体。根据土地的利用类型，土地资源可以分为耕地、林地、草地、水域、城镇居民用地、交通用地、其他用地等。我国各类土地所占的比例不够合理，而且人口众多，所以人均耕地占有量偏低。为了确保粮食安全，国家甚至规定了18亿亩的耕地红线，但与此同时，我国工业化和城镇化进程也不断加快，土地需求持续扩大，因此我国的土地供需矛盾极为尖锐，亟须对当前的土地资源进行优化利用。

（一）土地资源的开发

土地资源的优化利用可以从土地开发整理入手，主要是在一定的区域范围内，按照土地利用规划和土地利用的要求，通过采取各种手段，改善土地利用结构，增加可利用土地的数量的过程，具体包括土地开发、土地整理、土地复垦和填海造地等。

土地开发是在确保不发生水土流失和荒漠化的前提下，通过多种措施将未利用土地资源开发成为农用地或建设用地等，主要目的是实现耕地总量的动态平衡，主要包括宜农荒地的开发、农业低利用率地开发、沿海滩涂开发、闲散土地开发、城市新区开发以及城市土地再开发等。

土地整理主要是采取工程技术措施对农田、河道、路网、树林、村落等进行综合调整，从而增加有效的耕地面积，提高土地资源利用效率，其重点是调整土地的用途和布局。常规的土地整理主要是修建或整顿道路网，建设水利设施，改善土壤质量，加强生态和景观的维护，还可以撤并村落，以便实现零散土地的整理。

土地复垦是指对生产建设过程中因挖损、塌陷、压占或由自然灾害导致破坏、废弃的土地进行全面整治，使之恢复到可利用的状态。实际上，对塌陷的土地完全可以使用压占土地的废弃物来回填，不但能够减少矸石占地，还能有助于沉降土地的修复，甚至避免沉降，所以能够同时解决两类土地问题，是典型的一举多得。

填海造地是通过填土的方式将原有的海域转变为陆地，中国香港、澳门，新加坡，日本的东京、大阪等陆地资源贫乏的区域都特别重视填海造地，也取得了显著的成效。以机场为例，香港国际机场和大阪关西机场都是完全位于海中的人工填海岛上，澳门国际机场的跑道位于条状的填海带上，新加坡樟宜机场和东京羽田机场则是部分位于填海区。除了机场以外，填海区也可以建设高层建筑，如世界著名的迪拜帆船酒店就是位于填海区上。但是不可否认的是，填海造地必然会对海洋生态产生影响，因此需要慎重开展。

（二）土地资源的节约

土地资源的节约利用主要是从根本上转变传统的粗放式土地利用方式，减少土地的闲置和浪费，并且通过立体方式全面提高土地的利用率和产出率，具体措施包括土地集约利用、地上空间利用、地下空间利用以及土地置换等。

在土地经济学中，土地资源集约利用度是指单位土地面积上的劳动力、资金、技术和物质等投入的密集程度，从循环经济的角度分析，土地的集约利用应该是在明确土地资源承载力的基础上，通过实施差别化的土地政策，将循环经济与各地实际情况相结合，促进全域土地资源效率的整体提升，如可以先建设专门的生态农业园区和工业园区，待实施成功以后再在全区域内推广。

地上空间的利用，首先要促使建筑物向高层化发展，用较少的土地实现更多的功能，但是建筑物的密度不宜过大，以免影响采光和美观等。另外还可以加强交通基础设施的立体化，通过建设立交桥、高架轻轨、高架BRT（快速公交系统）等设施，使交通向空中发展，减轻地面的交通压力，甚至还可以将交通枢纽与高层建筑物融为一体，不但能节约建设成本，还能方便乘客出行。

地下空间的利用方式也有很多种，国内外很多城市都建设了地下商场、地下停车场、地下通道和地铁等多种设施，有效拓展了地下空间，地下设施不受天气条件影响，而且一旦发生战争还可以作为防空设施，战略意义重大。此外还可以建设地下综合管廊，将供电、给排水、煤气以及通信等管线设施统一集中，改变原有的地下管网混乱局面，维修更换时也不再需要反复开挖、填埋，直接在管廊中操作即可。地下管廊还可以成为连接相邻建筑物的通道，有足够空间时甚至可以开展经营活动，综合效益显著。

土地置换是通过级差地价置换土地的方式来改造老城区的一种方法，土地置换对于推动城乡统筹发展具有重要意义，土地置换的前提是要遵守国家法律，要求征地规模和征地程序必须完全合法。

（三）土地资源的恢复

土地恢复和土地复垦的内涵不同，土地复垦主要是将破坏的土地重新转变为可耕地，而土地恢复是将耕地恢复为原有类型，以便改善生态，主要形式有退耕还林、退耕还草、退耕还湿、退耕还湖等。退耕还林和还草主要面向山地地区，对容易造成水土流失和沙漠化的耕地逐步停种，依据适地适树的原则，逐步恢复林草植被。退耕还湿和还湖一般面向近水地区，主要是对过去围湖造田失误的补偿。退耕地区的自然环境大都比较恶劣，经济状况也相对较差，因此国家和区域政府应该加强补助，强化退耕的积极性。

（四）土地资源的循环经济发展模式

根据上述分析，土地资源的循环经济发展模式是通过土地开发、整理、复垦和造地等方式增加土地存量，土地使用时强化集约利用、科学置换，确保土地资源的高效率，同时还要对部分耕地进行功能恢复，要退耕还林、还草、还湿、还湖，使土地资源的质量得到持续的优化。

四、固体废物的循环经济发展模式

根据《中华人民共和国固体废物污染环境防治法》，固体废物是指在生产、生活和其他活动中产生的丧失原有利用价值或者虽未丧失利用价值但被抛弃或者放弃的固态、半固态以及置于容器中的气态的物品和物质等。依据该定义，固体废物涵盖流体废物和置于容器中的气态废物,但是不包括排入水体的废水和排入大气的废气。目前固体废物主要来自生产过程和消费过程,生产过程产生的废物包括工业固体废物和农业固体废物,消费过程产生的废物主要是生活垃圾。固体废物中含有大量的可用物质,在循环经济的视角下应该视为资源。

（一）固体废物的源头减量

固体废物对环境危害很大,集中堆放会占用大量土地,有害物质会侵入土壤,对地表水和地下水也构成威胁,堆放地的气味也很难闻,大量的氨、硫污染物直接散发到空气中,所以必须采取全面的措施,从源头上减少固体废物的产生量。

工业固体废物减量包括多项内容：首先要在各行业开展生态设计,采用可再生的原材料,强化产品的模块化特征,增强产品的可维护性、可拆解性、可回收性。然后要全面实施清洁生产,提高资源的综合利用效率,尽可能地减少废弃物的排放。同时还应该因地制宜地发展伴生资源、副产品、废弃物利用部门,力争实现工业固废零排放。对产生工业固废的主要行业和企业需要进行重点分析,明确废物产生原因及减量潜力,探索最佳的减量方式,并在全行业内推广。

农业固体废物主要是作物秸秆、动物排泄物,还有塑料薄膜和少量玻璃容器等,农业固体废物的减量主要通过废物的直接利用来实现。秸秆可以用于生产饲料、生物质汽化、沼气制备以及堆肥等;排泄物可采取直接还田、发酵还田、生产肥料还田等多种利用方式;废弃的塑料薄膜应该及时收集,并且逐步用可降解塑料来代替。

生活垃圾包括可回收垃圾、厨余垃圾、有害垃圾和其他垃圾,为了减少生活垃圾的产生,必须加大对公众的宣传教育,倡导健康文明的生活方式,避免过度消费,在产品的日常使用中,也要注意合理使用,科学维护,避免产品过早废弃。

（二）固体废物的源头分类

为了更好地回收利用固体废物中的可利用成分,必须对固体废物进行细致的分类。末端的分类成本较高,效果也比较差,很多有价值的资源都难以回收,因此必须将分类环节不断前移,建立完善的源头分类体系。另外,还需要建立分类运输系统,确保源头分类的效果。

工业固体废物从来源上看,主要包括矿业废物、冶金业废物、电力业废物、电子业废物、轻工业废物、医药业废物、交通业废物、建筑业废物等,分类时需要归为可回收废物、可燃废物、危险废物和其他废物,但每个产业的每一种具体的废物都应该单独存放,避免相互混杂,还要注意防止废物向空气或土壤中的扩散。

农业固体废物可以分为可回收废物、有机废物和其他废物等,其中可回收物大都来自农业生产资料,主要有塑料薄膜、包装袋、废旧农机等,需要分门别类地进行存放;有机废物主要来自农作物或牲畜,有机废物中属于同一种类的可以相互混杂,但是要注意防止有机废物对周围环境造成污染。

生活垃圾数量巨大，可以分为可回收废物、有机废物、危险废物和其他废物，可回收废物主要有纸类、塑料、金属、玻璃等，有机废物主要是厨余垃圾，危险废物主要有废电池、废日光灯管、水银温度计、医疗废物等。生活垃圾的成分极为复杂，因此垃圾源头分类特别重要，但同时也最困难，尤其是在我国，由于公众的环境意识缺乏以及传统的饮食文化等因素，导致流体的厨余垃圾数量极大，而且经常与其他固体废物混杂，直接影响了其他废物的回收利用。对这一问题必须从根本上加以解决，在制度层面，各地已采用法律和标准的形式，对生活垃圾的分类进行严格的规定。要大力加强公众的环境教育，还要建立相应的奖惩机制，提高分类积极性。在设施层面，要大力推广分类基础设备，建设分类设施，包括家用的分类垃圾桶、垃圾集中点的分类垃圾箱、垃圾处理厂的分类处理站等，在强化分类效果的同时还有助于环境美化；还要加快普及有机可降解塑料袋，用来专门包装流体垃圾和厨余垃圾，避免流体垃圾的扩散。在具体操作层面，首先要由垃圾的产生者进行初次分类，重点做好流体废物的包装，对具备一定规模可回收废物的可以直接出售，剩下的要定期分别投放到垃圾集中点的分类箱中；然后在垃圾集中点设置专门负责人，进行二次分类，将可回收废物进行集中归类或出售，出售所得收益可以作为负责人的补助；接下来需要大力改善垃圾运输系统，通过配备更多车辆，或者改变车辆的功能，以分类运输的形式来确保源头分类的效果；最后在垃圾处理场进行最终分类，对可回收物进一步提纯，并大批量地输送至相应的回收企业，以供再生利用。

（三）固体废物的回收利用

　　固体废物在全面分类以后，应该尽快加以回收利用，对可回收废物、可燃废物、有机废物、危险废物和一般废物应该采取不同的措施，通过设计系统的处理方案，实现固体废物回收利用率的提升。

　　可回收废物是资源化的重点对象，在回收时需要进一步细分，可以根据细化的产品类别、不同成分或可利用程度进行归类，比如纸类可以细分为可用纸箱、白纸类、报纸类、牛皮纸类、混合纸类等，对于能够直接再利用的部分，可以在消毒翻新处理以后重复使用，不能继续利用的部分，需要由专业的回收公司进行资源再生，还原出的资源可以用于替代自然资源。

　　可燃废物可以用于焚烧发电，对于具有较高热值的废物可以直接高温焚烧，将热能转化为高温蒸汽，推动涡轮机转动带动发电机产生电能，这种方法能够从废物中提取能量，减少废物的最终填埋量，还有助于杀灭病菌，但是也会造成一定的二次污染，所以必须加强管理，只有具备相关条件的地方才可以批准建厂，建厂后需要加以扶持。另外，对于不能直接燃烧的有机废物，经过发酵、厌氧处理、干燥脱硫以后可以产生沼气，沼气也可以用于燃烧发电。

　　有机废物可以用于堆肥，主要利用有机物与泥土和矿物质混合堆积，在高温、多湿的条件下，经过发酵腐熟、微生物分解来形成有机肥料，堆肥营养物质丰富，肥效期长而且稳定，还有助于促进土壤固粒结构的形成，能够增强土壤保水、保温、透气、保肥的能力，使用堆肥实际上就是把取自自然界中的有机物以肥料的形式重新返回到自然中，环境效益显著。

危险废物是指在储存、运输或处理不当时会对人体健康或生态环境带来重大威胁的废物，往往具有腐蚀性、毒性、易燃性、反应性或者感染性，主要包括医药废物、农药废物、防腐剂、有机溶剂废物、有机树脂废物、废矿物油、废乳化液、重金属废物、氰化物废物等，危险废物需要由专业公司来负责运输处理，力争实现无害化。

一般废物在粉碎以后，可以用来生产建筑材料，生产时要尽可能剔除或转化其中的有害成分，避免影响人类健康，建材使用时可以以公共基础设施为主，特别是用于公路路基建设。对剩余的一般废物进行填埋，填埋时需要严格防范环境风险。

（四）固体废物的循环经济发展模式

固体废物的循环经济发展模式是以源头产生减量为起点，以废物精细化分类为核心，以多种方式利用为途径，以提高资源回收率、减少末端最终处置量为目标的综合治理模式。

五、资源角度的区域循环经济发展模式

（一）资源角度循环经济的优化对象

通过对水资源、能源、土地资源和固体废物的分析可以发现，循环经济对资源的调整主要是对资源的综合效率进行调整，综合效率主要包括三方面的内容：一是单位资源能够创造的价值，可以称为产出率；二是创造相同价值时减少的资源投入，可以称为减量率；三是资源的重复使用和循环使用的次数，可以称为循环率。

资源产出率包括两方面的内容：首先是前端的资源投入水平，资源的投入总量应该逐渐减少，其中自然资源的投入总量越少越好，再生资源投入所占的比例越高越好。其次是末端的废物排放水平，虽然在循环经济框架下废物也被视为资源，但这种资源还是越少越好，零排放最好。

资源减量率与资源产出率是对应的，本年度的减量率就是本年度产出率和上年度产出率相比投入资源和排放废物减少的比例，因此能够体现出本年度循环经济措施实施的效果。与资源产出水平类似，资源减量化水平也包括两个方面：一是资源投入减量水平；二是废物排放减量水平，两个都是越多越好。资源循环率包括再利用和再循环两部分内容，因为现实中二者往往融为一体，区分并不明显，所以资源再利用率和资源再循环率可以统称为循环率，循环率不但强调资源的循环次数，更强调循环资源在总资源中的比例，显然都是越高越好。

（二）资源角度循环经济的优化途径

为了全面提高资源的产出率、减量率和循环率，也就是资源的综合效率，必须对资源实施全生命周期管理，主要包括资源开源、源头减量、过程中控制、末端回收再生等，每个环节的侧重点是不同的。

资源开源主要通过探索新的资源田或资源获取方法、改造原本不可用的资源等手段，增加可用资源的总量，增强资源的供应能力。同时由末端废物还原出来的再生资源可以作为自然资源的替代品，所以加强再生资源利用也属于资源开源活动。

源头减量重点是减少源头自然资源的开采，同时废弃物产生量的减少也可以归入源头减量的范畴，源头减量的本质就是要求用尽可能少的资源消耗和尽可能小的环境代价创造出尽可能多的价值。

过程中控制也很重要，主要是通过技术创新、工艺改造、管理变革等方式，在各个环节都用更少的资源来完成同样的任务，全面提高资源的利用率，同时还要注意利用共伴生资源，使所有的物质都实现物尽其用。

末端回收再生是提高资源循环率的关键，需要对废弃物进行细致分类，而且要把分类环节不断前移、不断深化，确保每一种废物都能得到及时的回收再生。另外，还要将生产者的责任逐步延伸，让生产者来负责废弃产品的回收，能够使生产者和分解者真正融为一体。

（三）资源角度循环经济的发展模式

根据上述分析，可以得出资源角度的区域循环经济发展模式。

资源角度的循环经济发展模式是在区域原有资源利用方式的基础上，以资源的源头增加为起点，以资源的减量化开采和集约利用为原则，以废弃资源的回收再生为核心，全面提高资源的产出率、减量率和循环率，同时大力减轻环境污染的一种发展模式。

第三章　区域创新与区域经济发展

第一节　区域创新概述

一、区域创新体系

1912年,美籍奥地利经济学家约瑟夫·熊彼特提出了创新理论。当今世界呈现日益明显的全球化趋势,世界经济呈现区域化的发展特征,以区域为单位进行分工,区域创新在地区经济获取竞争优势的主要决定性因素中的地位日益显著。在这样的条件下,有关区域创新的研究都受到了关注,而区域创新系统是区域创新能力的研究对象,更受到了众人的关注。

英国学者Philip Nicholas Cooke首先提出区域创新系统(Regional Innovation System, RIS),并且完整地进行了实证分析和理论论述。Cooke、Braczyk与Heidenreich发表著作《区域创新系统:全球化背景下区域政府管理的作用》,阐释了区域创新系统的含义,对创新具有支撑和创造作用,指出它是一个区域性的组织体系,由高校、科研机构和企业等组成,在地理位置上相互区分却又存在许多关联。

Wiig也开展了一些研究,他的观点是关于区域创新体系构成的,主要包括培养创新人才的教育院校、生产创新产品的创新集群、提供创新融资的金融服务机构和约束与支持创新活动的政府机关等。

Asheim和Isaksen在研究分析了区域创新系统的影响因素之后,认为主要因素是区域识别节点和创新政策与产业集群。Asheim还和Coenen对区域创新系统的构成进行分析,构成是区域内的主导产业集群、制度基础结构以及它们之间的互动。

加拿大的Doloreux阐释论述区域创新体系,将它定义为个人、政府机构、公共团体和其他组织相互作用的整体，实现功能需要依靠组织和制度，有力地推动了新知识和技术的创造、扩散和应用。

从20世纪90年代末，国内学者开始对引入的区域创新系统的概念进行探讨和研究，随后他们提出了相应的定义。当时，在国家科委工业司的全力支持下，柳御林等（1997）和澳大利亚Turpin等学者展开了对区域创新体系的研究。

我国学者熊波与陈柳认为，区域创新系统是一个创造、储蓄和转让新知识与新服务的网络系统，不仅仅涵盖高校、主导技术开发与扩散的企业和科研机构，还离不开政府机关的参与和中介服务机构的介入。

学者冯之浚在他的《国家创新系统的理论与政策》一书中，对区域创新系统的含义进行阐释，提出它的构成部分是某一地区内的高校、企业、科研机构、中介服务机构和地方政府。

学者陈光与王永杰给出的定义是，区域技术创新系统是指在一定技术区域内，它是一个社会系统，由相关社会要素（高校、企业和科研机构等）组成，与创新全过程相关的由机构、组织和现实条件所组成的网络体系。

区域创新体系较复杂，为区域内创新企业、政府和市场的配套机制，由分享机制、扩散机制、利润的驱动和知识的学习等共同构成，有利于开展创新型的活动。现在来看，国内外对区域创新系统概念的研究都很不成熟，它的提出时间较晚，即使在实证分析和理论研究上均有探索，但是更注重对案例的实证分析。同时，我国在这方面的研究也不断学习效仿国外，但因发展不完善而导致突破性成就比较少。所以可以说明，在我国的创新研究中，对区域创新系统方面的研究依旧很少，它是一个薄弱的环节。

二、区域创新能力评价

许许多多的创新定义衍生出对区域创新能力的许多解释。Cooke等以区域创新系统非常重要的三种制度形式为基础，对区域创新能力进行界定。Lall（1992）定义了创新能力：有效吸收所需要的知识和技能，对现有技术进行掌握并充分改造，对新技术进行创造并且不会轻易地被复制和转移。除此之外，Gans等人指出区域创新能力存在生产各种创新产品的潜力，其中最主要的影响因素是R&D存量。同样，Ridde和Schllrer也提出了区域内持续产生与商业相关的创新潜力的定义。根据区域创新能力的定义，国外学者展开了很多关于区域创新能力的相关评价研究，取得了相当好的成绩。

欧盟成员国制定了一个创新指数方法，衡量区域创新能力，也是这一方面的标准性研究。它主要从四个方面对欧盟成员国的创新能力进行评价：人力资源、应用和扩散知识、创造新知识、创新资金产出和市场。

在国内，《中国区域创新能力报告》是对区域创新能力所进行的权威性研究。从2002年开始出版至今，已经有20余载，目的是从知识创造与获取、企业创新能力、创新经济绩效和创新环境几个方面整体地或分项地对中国各省、市、自治区的区域创新能力进行评价。在国内,其数据和指标获取的完整性和研究机构的权威性,已成为区域创新研究的一个经典范本。

评价有不同的方法可选择,主要有聚类分析法、主成分分析法、主传统评价法、比较分析法和因子分析法等。在涉及对区域创新能力的评价方法进行选择时,学者们首先会选取定性的评价指标,然后确定指标权位和建立评价模型,最后输入标准化后的数据并计算出最后结果。

三、创新效率研究

在发达地区,评价创新效率已经有较长时间的实践,有关研究对宏观问题与微观问题都有所涉及。国外学者所做的如评价创新效率的各个环节等很多实证与案例研究,基本都已经形成了较为成熟的理论基础。

1957年,美国经济学家基于生产者均衡、一般生产函数进行规模报酬不变和技术变化中性三项假设,无数次对投入的产出效率给出度量。20世纪80年代,业绩评价方法体系以财务指标为主,主要采用该方法对创新效率进行评价。直到90年代中期,出现了两个新的创新效率指标:产品生命周期各阶段里的企业销售收入和创新产品所占销售的比例。随后开创了测评指标:提高活动效率和创新内部程序。

除此之外,L.Diaz Balteiro等借助非参数的数据包络分析方法(DEA)深入分析西班牙木材工业的创新活动和生产效率;国外学者Nasierowski和Arceius采用DEA方法评价经济合作与发展组织(OECD)国家的创新效率评价问题。

在研究创新效率方面,国内学者获得了一些成果,尽管他们起步的时间较晚。因为创新效率涵盖的定性和定量因素比较多,所以仍在不断地探索评价方法和理论,有学者曾尝试着去解决创新效率评价问题。

一些研究则立足于区域层面。彭建华和任胜钢借助两阶段的模型方法,对创新投入转化为经济产出这一过程进行深入分析。通过DEA方法评价中部区域创新系统的绩效,并把北京、上海和广东地区进行比较后再做出充分的分析,提出了中部地区使用DEA方法无效的原因和相对应的策略。笔者对DEA测算方法进行了详细介绍,充分阐释了区域技术创新效率的概念,并以浙江省11个地区为例,对区域技术创新效率进行有效测算。在对我国各地区创新系统特点进行研究时,依照各地区具体情况提出具有高度针对性的建议与对策,采用了DEA方法对不同地区的创新绩效进行测评和分类研究。学者池仁勇和李正卫、虞晓芬利用DEA方法,测定30个省、市、自治区的创新效率,其结果呈现西低东高的特点。罗亚非和李敦响也运用DEA方法,合理分析中部六省及京沪粤等区域技术创新绩效,针对中部地区技术创新绩效相对较差的情况,认真分析原因,并提出改进意见与措施。周勇、钱灿、张宗益及赖德林充分对我国31个省、市、自治区的数据进行利用,并运用随机的前沿生产函数(SFA)对我国区域创新效率进行实证研究,结果是各地效率低下但呈上升趋势,并且东、中、西部有着比较明显的差距。

另一部分研究定位于行业、企业角度。学者张红影与黄筲成则采用因子分析法计算北京制造业的技术创新效率,用精简的技术创新因子对原始数据中的大部分信息进行替代,并评价了技术创新效率。而学者池仁勇采用DEA方法,站在企业规模的立场上,依据浙江230家企业的调查问卷,计算大、中、小企业的技术创新效率。王海燕和李双杰也选用DEA方法,对北京市制造业不同行业技术创新资源的使用情况仔细进行分析,有效计算资源配置效率,探讨创新效率低的成因。王建华、赖明勇也采用DEA方法,评价中国工业制造业各部门的技术创新,其结果表明化学化工、金属工业和非金属制造业的技术创新存在着问题,并提出了改进意见。

在国内,对于创新效率的研究,大多数学者通过分解创新过程,对投入产出指标进行选取,采取因子分析法、数据包络分析法和回归分析法评价创新投入产出效率,把有关创新投入影响因素、创新能力和产出过程等问题作为重点。

第二节 现代系统科学的相关理论

目前,国外部分学者已经开始使用复杂性理论对创新系统进行研究。系统科学已经发展到了研究开放的复杂巨系统和适应系统的阶段。1998年,Gregory A.Daneke研究了美国创新系统的进化过程与非线性经济。他充分利用自组织理论和非线性理论,扩充了熊彼特的创新理论。他认为,技术创新是经济增长中心,对其他社会要素的影响十分重大。20世纪90年代末期,英国学者Robert W.Rycroft及Don E.Kash出版了《复杂性的挑战:21世纪的技术创新》。在区域经济发展自主创新的过程中,创新有多个主体,且主体是主动的,创新具有涌现性,创新系统是多层次性的,创新环境和创新都是复杂的。本节涉及的现代系统科学层面的相关理论是区域经济发展创新理论研究的重要基础,本节进行更深入的研究和尝试建立理论框架存在着非常重要的学术价值和理论意义。这些理论主要包括以下几个:

一、协同理论

协同理论这个词即指关于"合作的科学",出自希腊语。该理论的创始人是联邦德国理论物理学家赫尔曼·哈肯,1969年他正在斯图加特大学授课,那时他便开始使用协同理论的概念;1971年,他发表了对协同理论的概念和基本思想进行初步阐述的文章;

1972年，国际学术会议举行。在之后的几年中，协同理论发展快速。1977年，哈肯发表了《协同学导论》，使协同理论的理论框架得以建立，同时也是这门学科诞生的标志。注重研究组织产生和控制等问题，伴随"协同作用"进行的自组织理论是协同理论的核心，实际上它是一种现象：系统内部各要素或者各子系统间不仅进行相互作用还进行有机整合的现象。在这个过程中，强调系统内部各要素或子系统之间的差异与协同、辩证统一需要达到的整体效应等。

协同理论的主要观点是，许许多多的子系统有能力组成任何一个系统，系统内子系统间的相互作用决定系统的整体行为。子系统之间的相互作用比较大且独立性较小时，在宏观上，系统的整体会显示出有序的结构特征。相反，当子系统的独立性占据主导地位，相互作用比较小的时候，它们会处于"热运动"和杂乱无章的状态，进而在宏观上，系统结构呈现无序化，没有稳定的结构存在。当非线性开放系统处于不平衡状态，并且系统与外界的物质交换和能量达到相当程度时，系统便通过自组织协同各子系统进行作用，进而使系统演化为具有一定有序性的耗散结构。

由此可以看出，系统有多种多样的类型，它们的属性虽不同，但在整个大环境中，各个系统之间既相互合作又相互影响。其中，涉及的一般现象为企业之间相互竞争，不同单位间存在相互协作配合，各个部门之间互相协调和系统中的互相干扰与制约等。协同理论认为，在一定条件下，大量子系统进行相互作用和协作，由它们组成的系统能够被看作是研究从自然界到人类社会中各种系统的逐渐发展，并应该对这种转变需要遵守的共同规律进行讨论。需要再次说明的是，子系统之间互相关联引起的"协同作用"占优势地位是系统内部自发组织的表现。系统内部自发组织起来的现象一出现，系统就会处于自组织状态，它在宏观和整体上就具有一定的结构与相对应的功能。运用协同理论的方法，能够把已取得的研究成果拓宽类比于其他学科，可以为探索未知领域提供有效手段，也有利于找出控制系统发生变化的影响因素，使子系统之间更好地发挥协同作用。

二、耗散结构理论

1945年，比利时物理学家普里戈金（I.Prigogine）创立了线性非平衡热力学的最小熵产生原理，由此使灵感得到很大的激发，在1967年的"理论物理与生物学"国际会议上，他提出了"耗散结构"的概念。1971年，普里戈金和格兰斯多夫（P.Glansdorff）出版了《结构、稳定与涨落的热力学理论》，详细阐述了耗散结构理论，并将该理论应用到化学生物和流体力学等方面。普里戈金创立了耗散结构理论，因此荣获1977年的诺贝尔化学奖。

形成耗散结构至少离不开四个条件：一是系统应该远离平衡态；二是系统是开放的；三是通过随机涨落使系统实现由无序到有序的转变；四是系统内部各个要素之间具有非线性的相互作用。耗散结构理论提出，一个开放系统无论是物理的、化学的、生物的、力学的系统，还是经济的、社会的系统，如果不再平衡，并且也与外界不断进行能量与物质的交换，在外界条件的变化达到一定阈值时，系统的状态就可能会由原先的无序转变为有序（在功能或时空上）。耗散结构理论以热力学第二定律揭示的时间的不可逆性为出发点，认为自然界会进行方向性的发展，需要在物理学引入"历史"的因素。它提出，一个开放系统能够从外界吸收负熵流来抵消自身的熵产生，逐渐减少系统总熵，进而实现从简单到复杂、无序到有序的演化。耗散结构理论表明，系统只有在处于远离平衡态的情况下才可能会向有序、有组织和多功能的方向发展，在处于近平衡态与平衡态均不可能产生新的有序结构。因此，普里戈金指出：非平衡是有序的源头。

三、突变理论

突变理论由法国数学家托姆创立，该理论来自托姆与生物学家们探讨的生物形态发生学及研究分析学与拓扑学中有关的结构稳定性。英国数学家齐曼在1961年发表了《头脑与视觉认识的拓扑学》，托姆在1968年受到启发，发表了他的第一篇论文《生物学中的拓扑学》。对于《结构稳定性与形态发生的突变理论》的手稿工作，托姆同年也完成，并阐述了他的系统理论。突变理论得到快速传播，主要得益于齐曼，他不仅仅大力推广突变理论，还将其划定为系统理论。突变理论也称：连续的改变说明参数如何引起不连续现象。突变理论实际上研究的是静态分支点问题（平衡点之间的相互转换问题）。尽管它自身并非系统自组织理论，但它是和系统演化的相互变化（有序到无序的变化）紧密联系的，导致的结果的突然变化揭示了原因的连续作用，进而可以使我们加深对系统这种转化的多样式途径与方式的理解。

突变理论的主要观点是，只要是系统，它的内部必定会具有内聚力和发散力两种力。内聚力保证系统的稳定，发散力则会干扰系统的稳定。一个系统中具有两个或两个以上的稳定态时，便会优先使相应的控制因子形成。发生冲突和运动也是由于这些不同稳定态控制因子之间的相互作用。当一种控制因子的拉力大于另一种时，事物会倾向于某一稳定态；当一种控制因子与另一种的拉力对等时，事物会保持平衡状态；当一种控制因子的拉力整体大于对方时，事物就会向某一种稳定态完全倾斜，进而发生突变，由内聚区域走向发散区域，从而进入另外的系统当中。

第三节 区域创新与区域经济发展关系概述

一、关于创新与经济发展关系的国外相关研究

国外的学者对区域创新系统及系统之间进行了关系研究,并且有自己的理论方法,尽管方法不成熟也不完整,但他们也取得了一定的进展。

Robert M.Solow 等分析了不同发展阶段技术进步对经济增长所起的作用。Peter J.Sheehan 在《澳大利亚与知识经济》一书中,详细阐述了科技促进经济增长的思想。以澳大利亚为例,拿它和其他国家分析比较,并评价澳大利亚的科技创新体系,从知识密度、科研水平和科技基础等方面提出具有针对性的意见与建议。Chandler、Rosenberg 和 Moss 等都相应地研究了研究与试验发展活动(R&D),他们的观点是:确定投入比例和份额利于技术创新的持续进行,从而促进经济的健康发展。Leontiev 依托投入产出表分析了不同时期的不同消耗系数,同时也从微观的角度对技术和经济的关系进行分析,从而对部门之间技术的变动情况做出了详细解释。

除此之外,经济合作与发展组织(OECD)成员国家站在知识经济的立场上,对指标体系进行构建,通过计算方法评价科技对经济增长的影响。在宏观上,采取加权统计的方法分析科技和经济的关系。其结论是科技指标和人均国民生产总值(GNP)呈正相关关系,伴随人均 GNP 增长,科研人员比例和科技投入比例均呈增长趋势,但不是简单的线性增长。

二、创新与经济发展关系国内研究进展

对国内学者的研究进行归纳总结,针对区域创新和区域经济发展关系的研究进行划分,可以划分为三类:科技与经济协调发展、创新推动经济发展、科技投入促进经济发展。站在这三个立场上,对区域科技创新和经济发展之间的关系进行研究并充分分析。

立足于科技和经济协调发展的立场:吴寒光依据发达国家的发展史,对社会发展、科技和经济之间的辩证统一关系进行说明,并分析了近半个世纪中我国经济比例失调和社会发展滞后等问题。在何桂林发表的《经济、科技、社会协调发展战略》一书中,把经济与科技的协调发展定义为:在对外开放条件和各自内部之间协调的条件下,经济和科技两个子系统既相互依存又共同发展和形成这种状态的稳定的内在运行机制。孙见荆采

取定量方法分析判断经济、科技与社会之间的关系,进而构建灰色关联模型。赵修卫、张雪平及黄本笑于《科技进步与区域发展》一书中指出区域中发展科技应该依照本地区的特点,从而能够充分利用科技创新来促进经济进步和区域开发。张仁开和杨耀武站在经济、科技协调发展的立场上,针对我国31个省(市、自治区)的经济与科技协调的水平进行充分的分析与评价,发现各区之间经济与科技的发展存在明显的差异,两者发展的协调程度并不高。

  立足于创新促进对经济增长的角度:基于2000—2003年区域经济水平和创新能力的有关数据,郭新力通过计算研究发现我国区域创新能力有力地促进了经济增长,做出了巨大的贡献,贡献度极高。贡献度和地区发达程度呈正相关关系。刘方池和吴传清认为区域创新既可以促进区域产业结构、区域经济增长方式、区域经济发展的要素形态与功能和区域经济空间结构的变化,又可以促进区域经济进行制度上的创新。王瑾研究区域创新促进经济增长的机理,其主张是具有特色的区域核心产业的增长决定区域经济增长,促进核心产业增长的决定性力量是区域创新。朱勇和张宗益运用微观计量经济学综列数据的研究方法,构建收集2000—2003年与技术创新力和经济水平相关的综列数据指标,进行研究后发现区域创新能力有利于提升经济发展水平。王海鹏等通过格兰杰因果检验和建立误差修正模型,发现中国科技投入和经济增长之间存在着双向因果关系。对因果关系进行检验后发现财政科技投入与经济增长之间具有长期的动态均衡关系。以中国沿海三大区域为例,王立成等充分利用灰色关联度,分析了经济增长与科技投入之间的作用关系,其结果是科技活动经费、人员和R&D经费与沿海三大经济区域经济增长的联系较为密切。

第四章 区域经济发展的技术创新动力系统

科学技术与经济的关系越来越密切，一方面，科学技术对经济发展的推动作用日益凸现；另一方面，经济发展为科学和技术发展提供了基础和动力。科学和技术，作为一种特殊的人类活动和社会现象，它逐渐从个人对自然现象的探求，转化为企业、区域和政府有意识的经济活动。"科学技术是第一生产力，科学技术是经济发展的决定性因素。"因此，必须充分估计科学技术对综合国力和社会经济的巨大影响。21世纪是以科技创新为主导的世纪，以信息技术、生物技术、纳米技术为代表的新科技革命，正在深刻地改变传统的经济结构、生产组织和经营模式，推动生产力发展出现质的飞跃，经济整体上也逐渐由以自然资源为基础的传统经济，转向以知识和技术为基础的知识经济，区域创新已经成为区域经济发展的动力和区域分化的重要因素。

第一节 创新思想的萌芽与发展

"经济由于创新而增长"，这是熊彼特在其创新理论中提出的著名论断，也是技术创新理论的基础。创新思想的萌芽，早在古典经济学家亚当·斯密那里就开始了。亚当·斯密在1776年出版的《国富论》一书中就明确指出："国家的富裕在于分工，而分工之所以有助于经济增长，一个重要的原因是它有助于某些机械的发明。分工的结果，个人的全部注意力自然会倾注在一些简单事物上，所以只要工作性质还有改良的余地，各个劳动部门所雇的劳动者中，不久自会有人发现一些比较容易而便利的方法，来完成各自的工作。唯其如此，用在今日分工最细密的各种制造业上的机械，有很大部分，原是普通个人的发明。"从这段话可以看出斯密已经开始了创新思想的萌芽。这里，斯密实际上对技术创新的来源进行了初步的探讨。马克思也是一位十分重视对创新问题进行研究，并做出了许多精辟论述的经济学家。罗森伯格（N.Rosenberg）认为，马克思关于技术创新问题的论述，仍是当今对技术及其分支进行研究的出发点。这一理论从崭新的角度揭示了资本主义经济的"本质"特征及其产生和发展的基本规律，创建了一种以历史、理论和统计相结合的分析方法为特征的经济发展非均衡演进的研究框架，对于我们研究区域经济发展的动力本质产生了积极作用。

一、创新的概念及其内涵

（一）创新理论先驱：约翰·雷

熊彼特被公认为"创新的鼻祖"，1912年熊彼特出版了《经济发展理论》一书。在这本书中，熊彼特曾多次提到一位学术界较为陌生的人物——约翰·雷（John Rae.1796—1872），并称之为一位有独立见解的学者。事实上，正如K.亨宁斯（K.H.Hennings）指出的，雷对熊彼特的经济发展概念及创新的分析产生了重要影响。1834年，雷在美国波士顿出版了他一生中唯一的一本书《论政治经济学若干新原理》，副标题是"《国富论》主张的自由贸易理论及其他学说的谬误之处"。雷的这本书在保护主义浪潮高涨时发行，被人们误解为一种常见的反对自由贸易的论著，并未受到应有的重视。据多夫曼（Robert Dorfman）等人考证，雷的见解尽管曾受到古典经济学家西尼尔（Nassan Senior）的关注，并通过他又获得穆勒的赞赏，但此书的发行量极少，直到过了70年之后才重新受到熊彼特的老师、奥地利经济学派先驱者欧根·冯·庞巴维克（Engen von Bohm-Bawerk）的高度重视，雷的思想成为他的理论先导。雷指出，亚当·斯密将其体系完全建立在对自身利益的追求之上，而忽视了发明的作用。雷虽然十分赞同斯密等人关于资本积累对经济发展是必需的看法，但更重要的是，雷认识到，技术进步及知识增长对资本的需求与供给会产生根本性的影响。在雷论及的经济发展过程中，也可以理解为，连续的资本积累要求有连续的创新行为。由此我们发现，熊彼特的创新理论早已在约翰·雷那里有了思想萌芽。

（二）创新概念的提出：约瑟夫·熊彼特

创新概念，最早是由熊彼特提出的。他在1912年的《经济发展理论》一书中，第一次从经济学角度提出了创新理论。熊彼特认为，经济发展的动力是创新或"质量竞争"，而不是价格竞争，一个经济，若没有创新，就是一个静态的、没有发展与增长的经济。经济之所以发展，是因为在经济体系中不断地引入创新。同时他还提出资本主义的核心是创造性破坏的观点，而同期的新古典学者们关注的焦点还是价格竞争。熊彼特的"创新"概念具有全新的内涵，指建立一种新的生产函数，把一种从来没有过的关于生产要素和生产条件的"新组合"引入生产体系。熊彼特所说的创新，是一种广义的创新。然而创新的概念提出后，在很长一段时间内并没有受到经济学界的重视，熊彼特本人也只列举了创新的一些具体表现形式，没有直接对创新下过严格的定义。

(三)技术创新概念的发展

20世纪50年代,由于科学技术的迅速发展,技术变革对人类社会和经济产生了极大的影响,熊彼特的创新理论重新回到了人们的视野,经济学家开始重视创新对经济增长和社会发展的巨大作用,并且不约而同地把研究重点放在了对技术创新理论的研究上。

1. 国外主要代表人物的观点

50年代初,索洛对技术创新理论重新进行了比较全面的研究,他在《在资本化过程中的创新:对熊彼特理论的评论》一文中,首次提出技术创新成立的两个条件:新思想来源和以后阶段的实现发展。这两个条件被认为是技术创新概念界定研究上的一个里程碑。

1962年伊诺思在《石油加工中的发明与创新》一文中首次直接明确地对技术创新下了定义。他认为,"技术创新是几种行为综合的结果,这些行为包括发明的选择、资本投入保证、组织建立、制订计划、招用工人和开辟市场等"。显然,他是从行为集合的角度来定义技术创新的。

林恩则从创新时序过程角度来定义技术创新。他认为,技术创新是始于对技术的商业潜力的认识而终于将其完全转化为商业化产品的整个行为的过程。

曼斯费尔德(M.Mansfield)对技术创新的定义常为后来学者认可并采用。但曼斯费尔德的研究对象主要侧重于产品创新。他认为,产品创新是从企业对新产品的构思开始,以新产品的销售和交货为终结的探索性活动。

厄特巴克(J.M.Utterback)在70年代的创新研究中独树一帜。他在1974年发表的《产业创新与技术扩散》中认为,"与发明或技术样品相区别,创新就是技术的实际采用或首次应用"。

弗里曼(C.Freeman)是技术创新研究的著名学者。作为一个经济学家,他更多的是从经济学角度来考察创新。他认为,技术创新在经济学上的意义只是包括新产品、新过程、新系统和新装备等形式在内的技术向商业化实现的首次转化。因此,他在1973年发表的《工业创新中的成功与失败研究》中认为,"技术创新是技术的、工艺的和商业化的全过程,其导致新产品的市场实现和新技术工艺与装备的商业化应用"。1982年弗里曼又在《工业创新经济学》中明确指出,技术创新就是指新产品、新过程、新系统和新服务的首次商业性转化。

经济合作与发展组织(OECD)认为:"技术创新包括新产品和新工艺,以及产品和工艺的显著变化。如果在市场上实现了创新(产品创新),或者在生产工艺中应用了创新(工艺创新),那么,就说创新完成了。因此,创新是包括了科学、技术组织、金融和商业的一系列活动。"

2. 国内学者研究的观点

傅家骥等认为,"技术创新是企业家抓住市场的潜在盈利机会,以获取商业利益为目标，重新组织生产条件和要素，建立起效能更强、效率更高和费用更低的生产经营系统，从而推出新的产品、新的生产（工艺）方法，开辟新的市场，获得新的原材料或半成品供给来源，或建立企业的新的组织，它是包括科技、组织、商业和金融等一系列活动的综合过程"。

张培刚认为，技术创新是研究生产力的发展和变化的。如果简要地用一句话来概括，可以说"使新技术应用于生产"就是技术创新。技术创新就是以新技术代替旧技术，并应用于生产，推向市场。这是一个无限循环而又逐步提高的过程。

许庆瑞教授认为，"技术创新泛指一种新的思想的形成，得到利用并生产出满足市场用户需要的产品的整个过程。广义而论，它不仅包括一项技术创新成果本身，而且包括成果的推广、扩散和应用过程"。

技术创新是学习、引进、开发和应用新技术后产生经济效益的过程，技术创新过程中可以涉及研究与发展活动，但这种研究与发展是围绕某个产品或工艺创新开展的。一个新产品或新工艺，可以是由一项技术创新决定的，也可以包含许多个单项技术创新。

彭玉冰、白国红认为，"企业技术创新是企业家对生产要素、生产条件、生产组织进行重新组合，以建立效能更好、效率更高的新生产体系，获得更大利润的过程"。

杜辉认为，"技术创新是指企业生产和工艺技术的更新，包括新技术的发明、引进，也包括传统技术的改造升级，进一步讲，它必然会涉及产品、品牌、工艺、组织、销售等方面的创新。因此，企业技术创新就是企业因技术革命和技术进步引起的企业技术水平、产品档次和经营管理水平升级换代的过程。它包括企业的设备创新、工艺创新、品牌创新，以及与技术创新紧密相关的销售创新、组织创新、管理创新等"。

中共中央、国务院在《关于加强技术创新，发展高科技，实现产业化的决定》中指出，"技术创新，是指企业应用创新的知识和新技术、新工艺，采用新的生产方式和经营管理模式，提高产品质量，开辟生产新的产品，提供新的服务，占据市场并实现市场价值"。

二、熊彼特的创新理论

在《经济发展理论》一书中，熊彼特建立了以创新为特色的动态经济发展理论，他的理论不仅对当代西方经济增长和经济发展理论，以及罗斯托的经济成长阶段理论有重要影响，而且他的追随者还把他的理论发展成为当代西方创新经济学的两个分支：技术创新经济理论和制度创新经济理论。

熊彼特的创新理论中，"创新"概念具有全新的内涵，他在《经济发展理论》一书中指出，创新就是建立一种新的生产函数，即把一种从来没有过的关于生产要素和生产条件的创新组合首次引入生产体系。创新包括以下五种情况：①采用一种新产品，也就是消费者还不熟悉的产品或一种产品的一种新的特性；②采用一种新的生产方法，也就是在有关的制造部门中尚未通过经验检验的方法，这种新的方法绝不需要建立在科学上，新的发现的基础之上,并且,也可以存在于商业上处理一种产品的新的方式之中;③开辟一个新的市场,也就是有关国家的某一制造部门以前不曾进入的市场,不管这个市场以前是否存在过;④掠取或控制原材料或半制成品的一种新的供应来源,也不问这种来源是已经存在的,还是第一次创造出来的;⑤实现任何一种工业的新的组织,比如造成一种垄断地位(如通过"托拉斯化"),或打破一种垄断地位。

(一)"创新"概念的特征

熊彼特所界定的"创新"概念具有四大特征。

第一,创新是一个较为宽泛的概念,包括各种可提高资源配置效率的新活动,不一定与技术直接相关。从企业的角度涵盖整个企业技术、生产、管理过程,不局限于某一特定领域,既包括产品创新、生产技术创新,又包括市场创新(销售市场创新和供应市场创新)和组织制度创新。

第二,创新并非从旧组合中通过渐进、不断调整而产生的,而是间断地(具有新颖性)出现,"创新性破坏"组合,实现经济发展(非增长)。

第三,创新可以被其他企业模仿,纷纷效仿而一时风起云涌,形成高潮,由此推动整个经济周期性发展,但随着效仿者增多,创新者的垄断利润逐渐消失。

第四,创新在资本主义经济发展过程中,具有至高无上的作用,没有创新,资本主义既不能产生,更不能发展。

(二)经济发展与创新过程的经典描述

在熊彼特看来,经济循环流转是静态的经济过程,而经济发展是指从经济本身发生的非连续的变化与移动,是动态的经济过程。熊彼特认为,经济本身一定存在着某种破坏均衡而又恢复均衡的力量,这就是"创新"活动,创新是对经济循环流转的突破,正是创新促进经济发展。因此,熊彼特所说的"创新"是一个经济概念,而不是一个技术概念。"创新"是一个"内在的因素",经济发展就是这种来自内部自身创造性的关于经济生活的一种变动。

熊彼特这样描绘创新的过程:当一个企业创新以后,它就会因成本、质量、效益等方面的优势在竞争中占据主动。劳动生产率提高带来的劳动价格低于社会必要劳动,从而成本低于一般企业;产品质量或性能提高造成顾客购买企业产品的偏好等。这样该企业就能获得额外利润。这时,其他的企业为了分享利益就会纷纷效仿,直到最后即使最守旧的企业为了维持生存也不得不适应潮流。这股"创新—模仿—适应"的浪潮就推动了整个经济的增长和发展。与此同时,也会因竞争而伴之以价格下跌,额外利润趋向零,出现新的静止均衡状态。当创新停止后,竞争和资本积累会使收益下降,利润率趋向零,从而在新的更高的技术基础上开始新一轮的创新活动的要求被提出来。这时会涌现出新的创新"再度拨动琴弦",开始一个经济增长的新的动态过程。这样创新就不断地把经济发展推向新的高度,成为经济发展的重要动力源泉。

1. 技术推动型创新过程

基础科学 > 应用科学 > 设计试制 > 制造 > 销售

2. 市场拉动型创新过程

市场需求 > 销售 > 发明 > 制造 > 生产

熊彼特所说的"创新"并不是单指一项新技术或新工艺的发明，而是把该项发明应用到经济活动中去，并为获益者带来了"超额利润"的全过程。仅仅做出了发明，而没有应用到经济活动中去，这并不构成创新机制，因而也不能起到推动经济发展的作用。在创新的全部过程中，必须拥有一批"创新者"——包括发明者、试制者、创业者等，也就是在技术上能看到开创革新并把该革新成功地实施到经济活动中去的人。熊彼特强调创新者的作用，把他们看作是经济发展的推动力量，其中他特别强调了企业家在创新过程中所起的决定性作用。

他指出："企业家"是这样一种人，他们具有超人的眼光、创造力和胆识，能寻找机会投入新技术、新产品、新材料和新装备，实行得到改善的组织管理形式，促进新开发资源的发展，他们积累财富去创建新企业，集中生产要素，选择管理人员，安排组织经营，等等。总之，只有那些对企业的发展具有远见卓识的人，对发明或新资源开发高瞻远瞩、对审度其经济潜力具有特殊天资，并使其在投入使用后不断臻于完善的人，才堪称企业家。而作为一个社会阶层的企业家群体，是促进创新机制运行，推动经济发展和社会进步的先决条件。

（三）经济发展的主体、动力和机制

关于经济发展的主体。熊彼特认为，经济发展的主体是实现了新组合的"企业"，而实现新组合或创新职能的人，就是企业家。熊彼特指出，企业家是把实现新的生产方法组合作为自己职能的人，是创新的主体。为了说明企业家的本质，他特别区分了资本家、股东、企业家和技术发明家。他认为，资本家和股东"是货币所有人，货币请求权的所有人，还是物质财富的所有人"。而企业家则是资本的"使用人"、实现生产要素新组合的"首创人"，企业家通过实施创新所获取的利润只是一时的，绝不可能永远持续下去。这是因为，当一批企业家取得成功以后，马上就会有第二批、第三批模仿者。在竞争的大潮中，有的企业因过于陈旧、适应不了新的变化而遭淘汰，有的则走上了模仿创新者的道路，以此来维持经营。随着模仿者的出现，最初推行创新的企业的利润便逐渐下降。终于，其收益与支出趋于相等，整个经济体系也在费用法则的作用下接近均衡。

关于经济发展的动力和机制。熊彼特认为,经济发展的动力主要是个别企业的垄断利润和企业家精神;而经济发展的重要机制,就是创新。熊彼特认为,经济发展的对象是企业,经济发展的主体是企业家。熊彼特指出:"我们把新组合的实现称为'企业',把职能是实现新组合的人们称为'企业家'。"企业家活动的动力来源于对垄断利润或超额利润的追逐,以及超乎利润观的、出于事业心的"企业家精神";企业家活动的目标或结果是实现"新组合"或创新。由此可知,经济发展的动力是利润(主要是垄断利润)和企业家精神,而经济发展的机制就是创新。

(四)创新理论的丰富与完善

1935年,熊彼特又定义"创新是一种生产函数的变动"。1939年他在《经济周期》一书中,进一步完善了创新理论。创新实际上是在经济系统中引入新的生产函数,原来的成本曲线因此而不断更新。经济的变革,诸如成本的降低、经济均衡的打破、残酷的竞争,以及经济周期本身,都应主要地归因于创新。显然,熊氏的"创新"是指技术与经济之间的纽带、环节。

熊彼特去世(1950年)以后,学术界以熊彼特的"创新"定义为出发点进行了深入研究,使"创新"理论朝着两个不同的方向发展:一是侧重产品、工艺创新研究,形成技术创新理论;二是主要以组织变革和制度创新为研究对象,形成制度创新理论。前者主要是美国经济学家爱德华·曼斯菲尔德和比尔科克等人,从技术推广、扩散和转移以及技术创新与市场结构之间的关系等方面对技术创新进行了深入研究,并形成了技术创新经济学这一新的分支学科。后者主要是兰斯·戴维斯和道格拉斯等人,把熊彼特的"创新"理论与制度派的"制度"结合起来,研究制度的变革与企业的经济效益之间的关系,由此创立了制度创新经济学这样一门新学科,从而进一步丰富和发展了"创新"理论。

三、技术创新理论的发展

(一)创新理论体系的"飞鸟模型"

熊彼特提出以创新为核心的经济发展理论,创立了创新经济学以后,技术进步开始从外生变量过渡到内生变量进入经济学主流领域。国内一些学者认为"创新与技术创新是同义语"。我国辞书上在解释"创新"时,几乎全是引用熊彼特1912年说的那段话。随着时代的发展,有必要对"创新"和"技术创新"的含义加以区分。

我们认为,创新是人们破旧立新并求得综合效益的活动。创新是一种创造性的活动,没有创造便没有创新;创新同时也是一个"破旧"过程,是一种创造性的"破坏"。一项技术创新、制度创新,本身就是观念创新;开展技术创新、制度创新,首先在于意识创新,或者在意识创新的指导下才得以进行。因此,创新理论既包括技术创新、制度创新,还包括意识创新。这三类创新活动分别属于生产力范畴、生产关系范畴和上层建筑领域。可见,企业的创新过程,既是技术、经济的过程,又是价值的形成过程;既创造使用价值,又创造价值。因此,创新理论应涉及生产力、生产关系和上层建筑三个方面,其任务就是要研究和揭示这三个方面的内在统一规律及其相互作用的机制,以推动社会进步和经济发展,提高国家和企业的竞争能力,获得以全面提高人的素质和生活质量为中心的综合效益(经济效益、社会效益、生态环境效益和人的发展效益等方面的综合)。

由上述三部分构成的创新理论体系,其构成要素不仅各自的内容、含义相异,而且其地位、功能、作用也是不同的。于是,我们提出了创新理论体系的"飞鸟模型"。飞鸟的躯体即创新主体,技术创新和制度创新分别为两翼,飞鸟的头部为意识创新。主体的创新活动是在意识创新的指导、调控作用下的技术创新与制度创新相互协同的整合行为,目前已经有了技术创新经济学和制度创新经济学。

(二)技术创新理论

技术创新的主体理论。企业是技术创新的主体,这是技术创新理论的重要内容。尽管国内外都已公认企业是技术创新的主体,但是在其概念上予以明确界定,我们国家对技术创新的界定尚属首次。构成技术创新活动的中心是企业,在概念上予以明确界定的理论意义是,能有效地确立以企业为中心的技术创新体系。这在宏观上是解决科技与经济结合的根本途径,在微观上是增强企业创新能力和竞争力的重要保障。

技术创新的市场理论。技术创新的目标是要实现最大的市场价值。这种市场价值的实现,看似靠技术创新活动的最终营销来完成,看似要为生产者追求最大利益。其实不然,技术创新的市场价值目标是"双赢"目标,即既要为产品生产者获得最高的效益,也要为商品消费者带来最好的消费利益。因此,技术创新活动在以市场需求为导向中,必须纳入社会需求和安全需求,以这三个"需求"确立技术创新的新的营销观,并使这种营销观念贯穿于创新活动的每一个环节。只有这样,才能真正提高企业的自主创新能力和竞争能力。

技术创新的系统工程理论。技术创新是思路创新、技术研究、技术开发、产品研制、生产制造、市场营销和市场服务的工程化和商品化的全过程。它一方面是这一系列生产体系的"新的组合",另一方面又要借助多种工程性战略技术配合才能得以组织实施。所以,进行技术创新活动必须按系统工程的整体性、系统性、联系性和有序性进行运作,使每一个创新活动的环节都能在工程化的整体性中相互联系、沟通和有序地进行。任何一个环节上的脱节、隔离和钳制,都会影响技术创新活动的预期完成,甚至导致失败。

第二节 技术对经济增长的作用

一、经济增长的本源

历史上，亚当·斯密1776年曾在《国富论》中提出：为什么世界上一些国家经济迅速增长，且已相当富裕，而另外一些地方却很穷？为什么有些地方有望赶上先进国家，实际却没能摆脱贫穷，一些地方的生活水平甚至下降了？对这些问题有多种回答。固然资源禀赋、政治制度、地理因素、资本积累都会影响一国的经济增长，但无论如何，技术创新及其扩散、技术扩散及技术转移等是影响经济增长的重要因素。历史经验表明，在过去若干年中，发达国家经济增长的主要来源既有资本的积累、人力资源的追加，又有技术的进步，即以技术创新为核心，以创新扩散、技术扩散、技术转移、技术升级为过程的技术进步。

索洛在1956年构造的经济增长模型中已经证明，只有储蓄，而没有技术进步的经济不可能实现持久的增长，实现经济持续增长的唯一途径就是技术创新与升级；且增长存在上限，在某个较高的水平上，经济增长将出现停滞局面。这一理论提出一年后，他又在统计分析的基础上，证明了美国的经济增长大约80%源于技术创新，20%左右源于资本积累。在他看来，不管美国经济增长是快是慢，技术创新都是美国经济长期增长的基本动力，也正是由于技术上的创新与发展，美国才能以2%的农业人口养活国内98%的消费者。

历史地看，技术在很多国家的经济增长中起着越来越重要的作用。

但技术在经济增长中的作用又不是技术自身自然而然的作用，而是以技术创新为核心的技术进步的作用。国家之间技术创新多寡的差异、创新扩散活跃程度的差异，必然导致技术度与经济增长的贡献大小的差异，进而也会导致经济增长速度及质量的差异。这可以从国际上几个经济长波及典型国家的情况得到见证。

二、技术与历史上的几个经济长波

学者们研究认为，西方发达国家的经济增长通常显示50~60年的长波周期。而在这类长波周期中，可以看出重大技术创新及其衍生集群与经济长波的密切联系。

1.长波之一：发生在1770—1825年间。首先发生在英格兰，启动长波的重大技术创新主要是水力发电机的发明及其在纺织业中的广泛应用,该长波以 1825 年在英国爆发的世界上第一次经济危机而结束。

2. 长波之二：发生在 1826—1875 年间。首先发生在欧洲,启动这一长波的重大技术创新主要是蒸汽机的发明及其在水陆交通运输业和制造业中的应用。1873—1875 年发生在英、法、德的经济危机导致这一长波的结束。

3. 长波之三：发生在 1876—1935 年间。首先发生在美国和德国,其后扩展到其他西方国家。启动这一长波的重大技术创新主要是内燃机、电气化等,此间还发生了"泰勒制"的管理创新。发生在 1929—1933 年的经济危机结束了这一长波。

4. 长波之四：发生在 1935—1984 年间。首先发生在美国等发达国家。启动这一长波的重大技术创新主要是电子技术、飞机引擎技术等的发展与应用,此间还出现了"福特制"的管理创新。这些创新的出现,推动和诱发了电子工业、汽车制造业、石化工业等产业的快速发展,同时也带动和推动了航空运输、高速公路等行业的发展。但 1979—1982 年西方最为严重的经济衰退结束了这一长波。

5. 长波之五：1985 年开始,发达国家进入第五个经济长波。首先发生在美国。启动这一长波的重大技术创新主要是微电子、计算机、电信、激光等信息技术的发明与应用,其后又有了互联网。由于这些技术创新,信息产业及相关服务业、信息高速公路、关联产业等都得到了快速发展,新的技术经济体系在多数发达国家逐渐形成。这就是学者们称的"新经济"。

三、历史的考察：日本及美国

一国经济总是随着其科学技术的发展、技术创新的活跃而进步和发展的。没有一个国家的科学技术很先进,技术创新很活跃,而经济却很落后,反之亦然。第二次世界大战后,日本能从战争的废墟中迅速崛起,并成为经济强国,一个基本的原因是战争虽然耗尽了日本的财富,但没有耗尽其精良的科技队伍,加之战后大规模引进先进技术和经济体制改革,特别是大规模地推动技术创新,而使日本经济迅速复兴了。

日本 1945 年战败,20 世纪 60 年代日本经济占美国经济的 18%,而美国经济占世界的 40%,20 世纪 70 年代日本成为资本主义第二大国,1989 年全面超过了美国。日本经济奇迹发生的一个重要原因就是提出了"技术立国"的发展战略。20 世纪 50 年代的日本主要依靠"商业立国",而 20 世纪 70 年代的"技术立国"利用了全世界的技术发展了自己,大量引进先进技术,还提出了"综合就是创造的口号",使日本花了 60 亿美元,办了现在 2000 亿美元才能办到的事。

20 世纪 90 年代的美国,其经济持续稳定的增长出乎人们的预料,出现了非同寻常的"经济不知疲倦地增长与价格稳定的结合"。在克林顿总统第一任期的 4 年中,经济平均增长率为 2.55%,比老布什政府时期年增长率 1.6% 高出近一个百分点。传统经济学家认为，美国经济年增长率2.5%是速度极限，起码失业率为6%左右，否则就会出现通货膨胀。然而，自1992年以来，美国的年通货膨胀率始终在3%以内，同时，失业率不断下降，连美国人自己也感到困惑和紧张。一些舆论认为，20世纪90年代美国经济实现了无通货膨胀的增幅。格林斯潘甚至认为，这是从未遇到过的美国经济50年来的最好时期。他把这一切归于以技术创新为核心动因的劳动生产率的提高。

据一些美国学者测算，20世纪90年代，美国生产率的年增长率为4%，是被人们称为"辉煌的60年代"的2倍，是70年代和80年代的4倍。事实上，80—90年代，美国坚持基础研究、发展高新技术产业，激励个人和公司的创造性，把科学技术作为资本，放在独立于产业经济的地位上。整个20世纪90年代，美国经济在技术创新与制度创新的交互作用下发生了深刻的变化，使其占据了世界经济的霸主地位。

四、现实的考察：中国的经验

20世纪中期以来，随着世界经济的不断发展，以技术创新为核心特征的技术进步在各生产要素中的相对重要性日益突出，西方经济理论界越来越重视研究技术进步对经济增长的拉动作用。我国20世纪80年代开始了这方面的研究，有人测算了1979—1996年间不同时期内技术、资本和劳动三要素对中国经济增长的贡献度。

通过测算发现，1979—1996年间，我国经济年均增长9.87%，资本和劳动投入年均分别增长8.6%和2.31%，资本和劳动的贡献度分别为41.91%和12.15%，技术年均进步率为4.53%，技术进步贡献度为45.94%。与改革开放前的26年相比，这一时期我国经济增长中技术进步的作用日益明显，并超出了资本的贡献度而跃升为首要的推动力。

第三节 技术创新与区域经济发展

一、技术创新的若干基本范畴

（一）技术进步、技术创新与技术发明

技术进步、技术创新与技术发明是不同的范畴。弗里曼认为"技术进步是形成经济转换格局的动力"，也就是说技术进步可以在资本、劳动不变的情况下，使经济的格局发生巨大的改变。技术创新是指技术研究成果进入经济领域并与经济诸要素发生作用从而产生一定的经济效益的现象和过程。实践告诉我们，技术与经济的结合不是自然发生

的,是社会诸要素发展的综合协调效应。

技术进步与技术创新的关系目前尚未形成一致的看法,国内大致可分为如下几种观点。

柳卸林认为技术创新包括:①产品创新;②过程创新;③扩散。他认为技术进步是生产函数的移动,技术进步的含义比技术创新要广,技术引进是技术进步的手段,但技术引进并不属于技术创新。柳卸林认为技术进步的根本是技术创新,是以往各种创新积淀性的经济表现和反映,而技术进步缺乏对产品创新、过程创新这种行为的强调。

贾蔚文等人认为,狭义技术进步是构成技术创新的重要基础和条件,但不一定都能形成技术创新。技术创新基本包括在广义技术进步范围内,在一定范围内,技术进步与技术创新有的部分相互重叠,有的部分不重叠,技术进步理论和技术创新理论基本是相互平行的,不能相互代替。

桑庚陶和郑绍濂认为,技术进步涵盖了技术创新,技术创新是技术进步的一部分活动。王海山则认为,技术进步是包括技术发明、技术创新和技术扩散三个相互关联、交叉互动环节的一个演进过程。主张从熊彼特等人对"发明"(invention)与"创新"(innovation)所做的明确区分及狭义的技术进步过程方面来理解技术创新。

OECD在1998年的《科技政策纲要》中,对技术进步和技术创新的阐释反映了学术界迄今为止比较一致的认识:"技术进步通常被看作一个包括三个互相重叠又相互作用的要素的综合过程。第一个要素是发明,发明的重要来源是科学研究。第二个要素是创新,创新指发明被首次商业应用。第三个要素是扩散,它是指创新随后被许多使用者应用。"

综上所述,技术进步是技术发明、技术创新和技术扩散这三个相互关联、交叉互动环节的一个演进过程;技术发明是具有一定新颖性、独创性和实用性但尚未实际应用的技术成果;技术创新实际上是以新产品、新方法和新工艺的形式实现具有社会经济意义和市场意义的技术发明的首次应用;技术扩散作为整个技术进步的最后一个环节,是制度技术创新的推广和模仿。一项技术创新只有通过技术扩散(技术创新的广泛应用),才能最终实现它所蕴藏的最大社会经济效益和价值。所以,可以认为技术进步包括技术发明、技术创新和技术扩散这三个主要环节。从整个技术进步的过程看,技术发明是关键的一步;技术创新是技术发明进入经济并发生作用的界面,是技术进步最主要和最重要的中心环节,是技术创新的推广和模仿;技术扩散是技术进步的最后一个环节。技术创新包含在技术进步之中,是技术进步的核心部分。

(二)科学创新、技术创新与科技创新

科学技术创新,简称科技创新,它是一个大概念,是指科学技术活动中的创新。科技创新的含义比技术创新的涵盖面要宽,两者也不能等同。科学创新本质上就是并且始终是,要求发现新的思想、新的观念,乃至新的思想体系,即科学创新是创造新知识的行为,它要认识事物的本质,解决客观事物是什么、为什么的问题,是通过科学研究获得新的基础科学和技术知识的过程。而技术创新包括了产品工艺、生产、市场、制度等活动,涵盖硬、软两个方面,重点是解决做什么、怎么做、如何成为满足社会需求商品的问题,它是通过学习、革新,创造新技术、新商品的过程。研究表明,科学创新与技术创新最重要的差异之处,就在于它们与经济联系的不同上。科技创新包括科学创新与技术创新。前者包括基础研究和应用基础研究的创新,是指通过科学研究,获得新的基础科学和技术科学知识的过程;后者包括应用技术研究、试验开发和技术成果商业化的创新,是指学习、革新和创造新技术的过程。科学创新是技术创新的基础,技术创新是科学创新在生产中的实际应用。一般说来,技术创新是以企业为中心展开的。企业技术创新过程涉及创新构思产生、研究开发、技术管理与组织、工程设计与制造、用户参与及市场营销等一系列活动。在创新过程中,这些活动相互联系,有时要循环交叉或进行操作。技术创新过程不仅伴随着技术变化,而且伴随着组织与制度创新、管理创新和营销方式创新。

科学奠基人贝尔纳用数学的语言来描述科学、技术与经济的关系。他指出,如果将生产看作原函数,那么技术则是一阶微分,而科学则是二阶微分。如果将上述关系做一下等值变换,即令技术为原函数,那么生产为技术的一次积分,而科学为技术的一次微分,科学代表技术的变化率,而生产则反映技术变化的整体性质。不论技术规律可从工业和经济研究中推出,还是生产是技术的积分,总而言之,皆是说明,技术创新本应与经济和工业有着一种天然的密切联系。科技创新概念的提出与运用有它的历史必然性,它是技术创新的深化与发展。如果离开科学知识基础,技术创新就没有源头、没有后劲。随着科学技术的进步,科学与技术的相互渗透已十分明显。由于科学技术化、技术科学化的趋势日益加强,不仅技术创新需要科学创新的推动,科学创新也要得到技术创新的支撑和市场的拉动。因此,科技创新更有利于科学与技术的互动,也更有利于科技与经济的结合。

(三)科技创新的逻辑过程

从纯逻辑的形态考察,科技创新过程可以分为:基础研究—应用研究—试验开发—科技成果商业化;技术创新不包括基础研究。从实际发生的过程来看,科技创新过程可以看作是其间各种活动之间相互作用的一个科技和经济的"联动网络"(Linkage network)。

由于科技统计对科技活动的分类有很强的规定性和规范作用,因此,可以从世界上权威的科技统计及其指标体系来了解科技活动、科技创新的概念。

联合国教科文组织(UNESCO)把科学技术活动分为三大类:研究开发(R&D,包括基础研究、应用研究和试验开发)、科技教育与培训(包括专科高等教育以上直至研究生教育以及科学家和工程师组织的终身培训)、科技服务(包括科技信息服务、科技咨询服务务、科技传播服务等)。在这三类科技服务中,研究开发是创新性和创造性活动。而对研究开发的定义,经济合作与发展组织启动最早(1963)。

研究开发是为增加知识的总量,以及运用这些知识去创造新的应用而进行的系统的、创造性的工作。其中的"基础研究"主要是为获得关于现象和可观察的事实的基本原理的新知识而进行的实验性或理论性工作,它不以任何专门或特定的应用或使用为目的。"应用研究"也是为获得新的知识而进行的创造性研究,它主要针对某一特定的实际目的或目标。如果要细分的话,应用研究还可以分为应用基础研究(属科学研究范畴)和应用技术研究(属技术研究范畴)。"试验开发"是指"利用从研究或实际经验获得的现有知识,为生产新的材料、产品和装置,建立新的工艺、系统和服务,以及对已生产和建立的上述各项进行实质性的改进,而进行的系统性工作"。

如果仅从线性过程来分析,技术创新是从研究开发中的部分应用研究(应用技术研究)开始,经试验开发,到新产品的试销、营销并成为商品的这样一个过程,是一个科技与经济活动密切作用的过程,它以科技成果的商业化为归结。

(四)技术创新扩散

技术创新扩散指技术在最初的商业化之后的继续推广和利用,包括新技术在其潜在采用者之间传播、推广和采用的企业间扩散,也包括在已采用的企业内部继续扩大新技术的应用范围、提高其影响权重的所谓内部扩散。技术创新是新技术由"非利用态"到"利用态"的质的飞跃,而技术创新扩散则是新技术利用的量的积累。技术创新扩散的本质是技术创新的再实现,技术创新扩散的定义应强调这一本质。因此,技术创新扩散可定义为:技术创新扩散是首次技术创新者的成果,通过一定的传输渠道在更大的范围内再实现的过程,是同类、同样或更高级的技术创新再实现的过程。

技术创新扩散与技术扩散既有联系又有区别。傅家骥等(1992)将技术创新扩散分成创新观点扩散、技术创新实施和技术的扩散三部分,而技术扩散是指R&D技术和技术创新实施技术的扩散,因而技术创新扩散包括技术扩散。科莫达(Komada.1986)认为,技术扩散应该是"对理解和开发所引进技术能力的一种转移"。巴拉森也持同样的观点,"比传授知识和生产能力更为重要的是将能力意愿嫁接到当地的工程和设计能力上去,使之具有技术变革的能力"。一般情况下,技术创新扩散的困难主要在于技术扩散过程,而不是创新观点扩散过程。因此,技术扩散是技术创新扩散的一个重要方面,技术创新过程是否畅通,在很大程度上取决于技术扩散是否顺利。

二、区域技术创新激励因素分析

在利润最大化假设下,区域之所以要开展技术创新活动的最根本原因只能是这些活动能够给它带来收益增长。关于技术创新的功能,比较传统的解释是通过"创新效应"导致单位生产成本的降低。但更多的文献关注的是技术创新的另一种重要功能,通过新产品开发、产品质量改进以及功能完善等来提高产品的附加价值。无疑,这两种创新效果都将经过市场机制而转化为区域的现实收益。但是,这项收益本身并不能保证技术创新的经济合理性,由于创新是有成本的,因此是否开展创新的决策最终要取决于创新收益和创新成本的权衡,只有当前者超越后者时,区域才有动力进行技术创新。综上所述,区域技术创新的一般动力机制便可表示为图4-1。

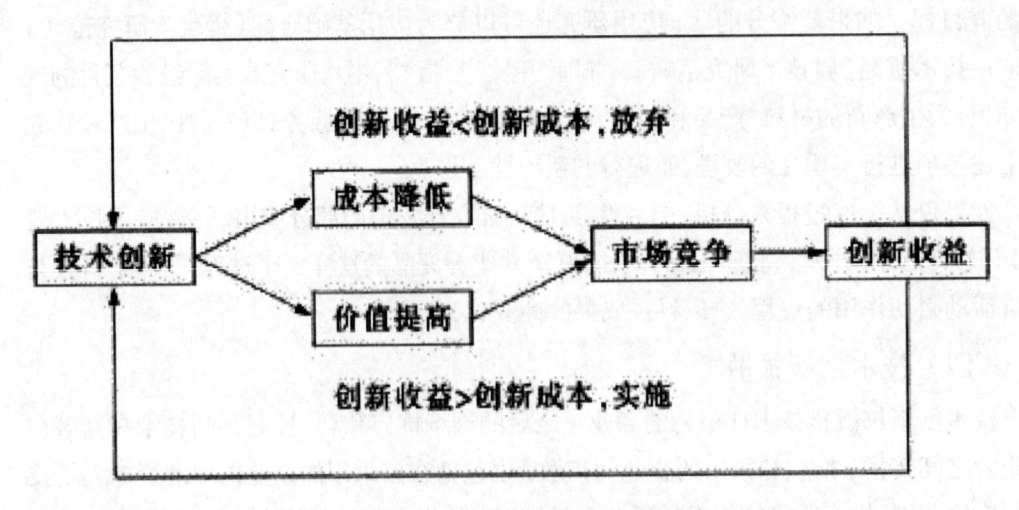

图 4-1 区域技术创新的动力机制

由这个动力机制,大致可以得出区域技术创新的激励因素在于两个方面:①技术创新本身的效率,它决定了在一定的创新投资下所能获得的创新效果,单位生产成本降低的幅度或者产品附加值提高的幅度;②市场结构的有利性,它影响创新效果在市场上的货币化实现程度,即一定的创新效果所能获得的回报多寡。显然,在区域决策是否进行技术创新的那一刻,这两类激励因素的具体水平是未知的。因此,只能由决策者根据经验来主观预测,但这样一来也就意味着决策者的某些个性特征也极有可能成为技术创新的阻碍因素,比如具有企业家精神的决策者更容易采取乐观的判断而投资于技术创新。

为更进一步探讨区域技术创新的动力机制,下面进行数理分析。首先给出以技术创新投资额(创新成本)为单变量的区域利润函数:

$$B=B(C_t)=Q(C_t)P(C_t)-Q(C_t)C_p(C_t)-C_t \tag{4-1}$$

其中 $B=B(C_t)$ 表示利润额,C_t 是创新成本,$Q=Q(C_t)$ 是产品销售量,$P=P(C_t)$ 是产品销售价格,$C_p=C_p(C_t)$ 表示产品的单位生产成本。

显然,在利润最大化假设下,区域愿意进行技术创新的必要条件是(在决策者看来)创新投资的边际利润会大于0,即

$$\frac{dB}{dC_t}=Q\frac{dP}{dC_t}+P\frac{dQ}{dC_t}-Q\frac{dC_p}{dC_t}-C_p\frac{Q}{dC_t}-1>0 \tag{4-2}$$

整理(4-2)式,可得等价条件:

$$(P-C_p)\frac{dQ}{dC_t}+Q\frac{dP}{dC_t}-Q\frac{dC_p}{dC_t}>1 \tag{4-3}$$

(4-3)式表达的含义是技术创新的边际收益大于边际成本(=1),其中边际收益由三部分构成:因市场份额扩大引起的收益增长$(P-C_p)\frac{dQ}{dC_t}$,因价格提高(或降低)导致的收益增长(或减少)$Q\frac{dP}{dC_t}$,因生产成本降低带来的收益增长$\left(-Q\frac{dC_p}{dC_t}\right)$。一般来说,投资于不同性质的技术创新项目所能达成的经济效果往往是不太一样的,也就是说上述三种边际收益成分在不同的创新类型下会有不同的具体表现,为便于分析,下面分两种基本情况讨论:

第一种情况,假设区域技术创新主要是以降低单位生产成本为目的的。如果成本能够降低,那么区域就可以相应降低产品销售价格(供给曲线下移),从而提高市场占有率,扩大销售量。这时作为技术创新激励条件,(4-3)式就可以写成:

$$(P-C_p)\frac{dQ}{dC_t}+\left|Q\frac{dP}{dC_t}\right|-Q\left|\frac{dC_p}{dC_t}\right|>1 \tag{4-4}$$

或:

$$P-C_p\left|\frac{dQ}{dP}\right|\cdot\frac{dP}{dC_p}\cdot\left|\frac{dP}{dC_t}\right|-Q\frac{dP}{dC_t}\cdot\frac{dC_p}{dC_t}+Q\left|\frac{dC_p}{dC_t}\right|>1 \tag{4-5}$$

假定,区域内企业的定价策略为$P=PC_p=aC_p$,$a>1$,为常数,则有

$$\frac{dP}{dC_p}=a$$

将此代入得:

$$\left[a-(P-C_p)\left|\frac{dQ}{dP}\right|-Q(a-1)\right]\cdot\left|\frac{dC_p}{dC_t}\right|>1 \tag{4-6}$$

由(4-6)式可知,区域内企业是否有动力投资于成本节约型技术创新取决于它对$\left|\frac{dQ}{dP}\right|$和$\left|\frac{dC_p}{dC_t}\right|$两个参数的预期,只有当这两个参数的期望值高达一定的水平时,企业才有动力开展这类创新活动。从经济含义来说,$\left|\frac{dQ}{dP}\right|$是创新企业面对的需求价格弹性,它表征了企业从价格降低中夺取市场份额的潜力。一般来说它受制于同行其他厂商的行动,如果其他厂商同样降低价格(这种降价有可能是因为他们也学习了相同的技术而降低了单位生产成本,也有可能是牺牲必要利润的市场防御举措),那么弹性就非常有限。一种

极端状况就是，自己的降价因受到同行一致降价的挤压而未能在市场份额上获得任何实质性进展，即 $\left|\dfrac{dQ}{dP}\right|=0$，那么区域创新的边际收益就为负（给定企业的策略是在创新成功后降价）。创新区域面对的创新效率，表征了由一定技术创新投资导致的单位生产成本降低程度。显然，要提高这两个参数的期望值，决策者本人对风险的态度固然是一个重要方面，但关键还是要求它们的客观基础是积极有利的。

第二种情况，区域技术创新的功能主要体现在产品附加值的改善上（假设单位成本没有变动），即它对于购买者的效用（U）增加了，因而愿意支付更高的价格（需求曲线上移），这时企业及其客户可以在一个比原先更高的价格和更大的销售量上达到供需平衡。这时的创新激励条件可表示为：

$$P-C_p\frac{dQ}{dC_t}+Q\frac{dP}{dC_t}>1 \tag{4-7}$$

或：

$$\left[P-C_p\frac{dQ}{dU}+Q\frac{dU}{dP}\right]>1 \tag{4-8}$$

区域是否有动力投资于价值提高型技术创新取决于它所面对的需求曲线在创新之后向上位移的程度，由（4-8）式可知，这一位移一方面和技术创新本身的效用 $\dfrac{dU}{dC_t}$（单位创新投资导致的产品效用边际增长）有关，另一方面又取决于市场对本区域产品附加值提高予以奖励的幅度（以 $\dfrac{dQ}{dU}$ 和 $\dfrac{dU}{dP}$ 衡量）。显然，后者的大小也受制于市场其他厂商的行为，如果同类型区域通过创新同样提高了产品附加值，或者尽管附加值未提高但通过降低价格（如上所述两种情况）保持性价比在同一个层次，再或者由信息不对称市场，缺乏分辨产品优劣的能力，那么显然区域的价值提高型技术创新效率很高，也不太可能在市场上获得显著的回报，最糟糕的情况就是市场无反应，即 $\dfrac{dQ}{dU}=\dfrac{dU}{dP}=0$（需求曲线无任何变动），那么创新的边际收益就是0，从而无法补偿其创新成本。若预期有类似消极状况出现，则区域投资于这类技术创新的积极性就很低。

上述讨论表明，无论是对于成本节约型技术创新还是对于价值提高型技术创新，区域的创新动力都来自两个方面：一是预期自己能获得理想的创新效率；二是预期所取得的创新成果能在市场上得到较好实现，任何一个环节上的不尽如人意都会打击区域的创新热情。当然，由于是预期，区域决策者的风险偏好就有很大的影响，处在相同的境况下，具有企业家精神的决策者更有可能开展技术创新。当然，预期不可能脱离现实情况，因此最根本的还是这两个方面的客观基础确实是鼓舞人心。

三、技术创新对区域经济发展的作用机理

科学技术是第一生产力,科技进步与创新是推动经济和社会发展的决定性因素。企业是区域技术创新的主体,以企业为核心的技术创新在本质上可以看作是一种微观的经济行为,这种行为对区域经济系统来说具有正外部性,因为众多的技术创新活动刺激了宏观经济的发展。

(一)科技创新植入区域经济的过程

在熊彼特看来,创新促进经济发展的机理在于创新,尤其是根本性的创新,一旦冲破一定的壁垒,就会引发创新群,投资高潮随之出现,较多的资本被投放于新企业,这种冲击一浪传一浪,波及原材料、设备、劳务等市场,犹如凯恩斯的投资乘数效应,经济表现出一派繁荣的景象。

美籍德国经济学家格·门施(G.Mensch)继承与发展了熊彼特的思想,认为经济低落时期的"技术僵局"迫使社会进行基础性技术创新,基础性技术创新为下一次经济增长奠定基础;率先完成基础性技术创新的部门代表了新的经济结构,以这些部门为中心,创新产品与过程进一步扩散,使整个经济的基础技术迅速改变,经济总态进入上升的阶段;但是当创新扩散到一定阶段后生产过程创新将取代产品创新,经济总态会停滞甚至下降,经济表现为 S 形的波动。

在总结国内外有关理论的基础上,傅家骥等把创新植入经济的机理归纳为四个方面的效应,即率先创新的引擎效应、模仿创新的扩散效应、创新继起的持续效应和结构优化的集成效应。通过率先创新使新的科技成果首次转化为现实的生产力,又通过众多的企业对率先创新的模仿,因而产生了乘数效应、增值效应和优化效应,对于创新植入增长具有扩张效应。根本性创新集群起着较为持久的引擎作用。而改进性创新集群对于经济发展仅仅起着维持和强化的作用。在根本性创新带来的推动效应、产业内外创新扩散与模仿扩张产生的乘数效应、技术基础上的产业竞争导致的选择效应作用下,还能发生产业结构的高级化和产业结构优化后出现的集成效应。

傅家骥等学者对创新植入经济的概括是比较客观和科学的,但从其考虑的对象来看,一个隐含的假设是他们考虑的主要是"国家"水平的创新与经济活动的关系,提出的四个方面效应着重于从时间维度去分析创新植入经济增长的机理,而在研究区域创新如何植入区域经济中还必须从空间维度加以考虑。为此,将其改进形成如图 4-2 的机理模型。

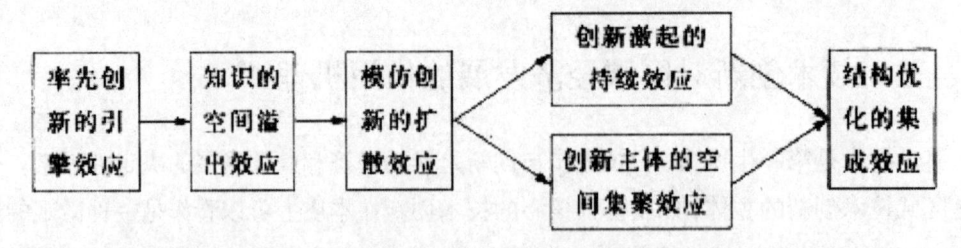

图 4-2 科技创新植入区域经济的机理模型

这一模型可以较好地体现区域技术创新的时空特点。这里就知识的空间溢出效应和创新主体的空间集聚效应解释如下：

1. 知识的空间溢出效应

这里的知识主要包括技术知识、需求信息、供给信息和经营经验等。这些知识具有公共物品的性质，一旦被创造出来，传播的速度越快，拥有的人越多，为群体带来的福利就越大，但是这些知识中很多都属于隐性知识，没有人际的频繁接触很难得以传播。在区域创新系统中，由于彼此间地理位置接近，研发机构、生产厂商、供应商及相关产业人员有更多的机会去分享这些隐性知识。这些知识在空间溢出的效应客观上促进了模仿创新的出现。

2. 创新主体的空间集聚效应

创新主体空间集聚的原因在于，出现这种集聚的区域，企业更容易获得所需要的创新资源，包括人才、资金、信息和技术等。由于相关产业的存在，可以为居于其中的企业提供便利的专业化供应源，这种供应源的存在可以使企业迅速地对其资源配置进行整合。在创新主体空间集聚效应的作用下，经济主体之间可以形成一种相互依存的产业关联和共同的产业文化，并且创造一套共同遵守的行业规范，从而加快信息与知识的扩散速度，节省区域内产业组织的交易成本，整体上提高区域的竞争力和可持续发展能力。

通过以上效应，技术创新的经济作用得到放大，不仅引起资源的优化配置，使区域内的产业水平得到升级、产业结构得到优化，而且带来新兴产业并促进经济增长极的生成。这一系列的变化加速了生产力的发展，促进了生产关系和经济结构进行合理调整，从而推动区域经济不断向前发展。

（二）技术创新对区域经济发展要素形态和功能的改变

根据各要素的特征，可将区域经济发展要素细分为自主性要素（自然资源、历史文化基础）、再生性要素（劳动力资源、资本、技术）、牵动性要素（市场）、制动性要素（组织、管理）四类型。技术创新不仅可以改善上述各发展要素的存在形态，而且能有效地提高上述各发展要素在区域经济发展中的功能作用。

在自主性要素方面，可以通过新技术的应用以及技术手段的改进，提高自然资源的利用价值。特别是技术创新可以有效地舒缓自然资源禀赋在不同区域此丰彼欠的不均衡矛盾，弥补部分地区在某些资源禀赋方面的不足，有效地缓解区域资源贮存不足的供求矛盾。通过不断进步的技术创新活动改善和调整资源的区域利用与配置,降低社会生产对区域土地、矿产、能源等资源的依赖程度,从而为区域经济发展创造有利条件。就历史文化基础而言,技术创新可以为区域历史文化遗产的开发提供新的手段。

在再生性资源方面,通过技术创新活动,可以引发和促进劳动力资源的形态向知识化、技能化方向转变,可以提高资本的使用效率与产出效益。将知识化、技能化的劳动力资源与具有较高使用效率、产出效益的资本有机地结合,可为区域经济发展提供优良的人力资本与货币资本,从而有力地推动区域经济的快速发展。

在牵动性要素方面,技术创新不仅有利于推动企业提高产品质量以及降低生产成本,从而增强产品的市场竞争能力和市场开拓能力,而且有利于促进市场网络体系的完善以及市场信息的交流,从而提高市场的资源配置功效。

在制动性要素方面,技术创新直接引发生产方式、管理理念与方法的变革,促进企业组织形式、管理模式的变革,从而不断促进组织与管理的科学化、高效化。

(三)技术创新对区域经济发展的推动作用

技术创新对区域经济发展的根本影响,在于知识经济化和经济全球化的基本趋势,使区位优势逐步淡化,代之而起的是知识资源的巨大作用以及知识基础上的全面竞争。技术创新是区域经济发展极为重要的动力,主要体现在:

1. 技术创新为区域经济发展开拓了新的发展空间

区域经济发展以自然资源条件为基础,对自然资源和地理位置的依赖性极大,经济发展的限制因素较多。现代科技进步创造了新的生产要素、新的能源和新的产品,同时交通、通信技术的发展,使生产活动对自然条件的依赖减少,也使地理间隔、产品运输等不再成为影响生产力布局的决定性因素,使区域经济在产业选择、生产经营管理模式等方面有了更大的发展空间。如我国很多地区并不具有自然资源、地理区位的优势,但依靠发展科技知识和人才,或采取专业化规模经营,同样也取得了令人瞩目的成效。

这方面最典型的是高科技产业的发展。如美国"硅谷"是世界上科技创新和经济发展最活跃的区域,也是世界上许多知名大公司的发源地,如微软、雅虎、通用无限公司、网易、英特尔、斯科等。"硅谷"的发展为各国发展高新技术提供了一个典范。经过40多年的发展,"硅谷"从一个半导体公司增长到7000个电子和软件公司,以及数千个初创企业,平均每周产生11个公司。世界上100个最大的电子和软件公司20%在硅谷。硅谷每天产生62个百万富翁,年销售总额400亿元,每年增加4万多个就业机会。硅谷的成功因素很多,其中最重要的还是人才,是必须具备科技创新精神、艰苦创业精神和团结合作精神的人才。

在科技创新的推动下,美国加利福尼亚的多媒体产业,加拿大安大略省的通信产业,英国的工业革命摇篮威尔士,中国台湾新竹科学工业园,被喻为印度"硅谷"的班加罗尔高科技工业区以及美、中跨国形成的硅谷—新竹—东莞PC产业全球生产网的干线模式都呈现出各自的发展特色。

分析国内外区域经济发展的经验，可以看到，技术创新贯穿于区域经济和社会发展的始终，在一个国家或地区的经济发展中起到了决定性作用。

2. 技术创新为区域经济发展提供了新的发展途径

很多落后地区经济开放程度低，存在各种各样的原因：交通不便，气候恶劣，经济开发难以进行，或是原有资源过度开发，使资源耗尽、环境遭到破坏，或是社会需求的发展没有对该地区的某种资源提出要求，等等。现代科技进步为解决这些问题、促进区域经济开发提供了多种途径和手段。世界上很多环境恶劣的地区，如西伯利亚北部和远东地区、加拿大和斯堪的纳维亚半岛的北部地区、西亚和南非的干旱地区等，由于有了现代科学技术手段，其开发有了可能。我国西南地区具有丰富的水能资源，也只有国家经济建设有了迫切需要，并结合采取现代水电、施工等技术，才能实现目前的大规模开发和利用。但现代科学技术的进步，在促进社会生产力提高的同时，也促进了社会需求的发展和扩大。市场需求的多样化是科技进步条件下的一个必然趋势。

3. 技术创新成为世界各国经济增长的决定因素

发展经济，最重要的是追求经济的高质量增长。这是每一个国家改善人民生活和不断走向文明的基本物质条件。但是经济增长一靠劳动，二靠资本，三靠科技，在不同经济形态和不同经济发展阶段，这三方面所起的作用是不同的。当今时代追求经济增长主要靠科技。所以江泽民同志在党的十五大报告中指出："科技进步是经济发展的决定因素。"实质上，这种"决定因素"主要表现在技术创新的能力上。任何一项成功的技术创新活动，经过大面积扩散与广泛使用，必然是推动产业结构、市场结构和外贸结构的变化过程，同样也是不断地推动经济增长的过程。所以世界各国经济增长的快慢，最根本的是取决于技术创新能力的强弱。

（四）区域技术创新的个案分析

1. 世界区域经济格局的形成与发展

经过十几年的发展，目前世界上已基本形成了亚太经合组织、欧洲联盟和北美自由贸易区三大经济区并立的格局。它们的经济规模占全世界的3/4。除了这三大经济区外，世界各地次区域经济一体化组织也相应建立起来，如亚洲的"东南亚国家联盟""南亚区域合作联盟"、中东的"阿拉伯合作委员会"、拉丁美洲的"南方共同市场""加勒比共同体"、非洲的"西非经济共同体""南部非洲发展直辖市会议"等，有关资料显示，目前世界上大大小小的区域经济组织已有几十个，并呈现继续发展和不断扩大的态势。国际区域经济的形成，对促进各组织成员国之间的优势互补、推动经济的持续发展起到了积极的作用。

从我国来看，以区域经济为特征的布局结构逐步展现，总体思路和格局不断清晰，全国形成了七个跨省区的经济区域，即长江三角洲及沿江地区、环渤海地区、东南沿海地区、西南和华南部分省区、东北地区、中部五省区和西北地区。由于区域的差异性等多种因素,区域经济发展很不平衡,但有的区域发展很快,并涌现出一大批各具特色的区域发展模式。如经济特区模式、沿海开放城市模式、广东模式、上海模式、苏南模式、温州模式和胶东模式等。

2. 美国犹他州的"奇迹"

犹他州是美国西部腹地的一个内陆州,有着丰富的矿产资源,但由于地处荒凉的西部,州内有35%的土地为沙漠和干旱地带。在20世纪80年代以前,其经济实力和社会发展水平在全美都处于落后地位。自80年代以来,原来贫困的犹他州发生了翻天覆地的变化。从1990年开始,犹他州的经济以每年超过7%的速度增长,远远高于全美1.5%的平均增长率。犹他州社会安定、教育发达,被评为美国两大最健康的州之一。更令人瞩目的是犹他州从90年代以来,神奇般地崛起了一座高科技工业重镇——世界软件工业谷。犹他州软件谷与"硅谷"齐名,是专门赋予电脑以灵魂的新信息产业中心,被誉为新的世界高科技重镇。

犹他州用不到10年的时间,形成了以信息产业为龙头的新支柱产业,走出了一条具有特色的区域经济发展之路,成为全美乃至世界的著名高科技中心,创造了犹他州的"奇迹"。这主要应归功于犹他州完善的区域技术创新系统。

高质量、富有创造性的教育体系是犹他州"奇迹"的基石。犹他州具有全面的州内教育系统,有718所公立中小学校和14所高等学校。犹他州的高等学校领导注重引进人才,重视教学与研究,使得学校学术水平和科研能力大大提高。由于教育质量的提高,犹他州员工的识字和阅读能力为全美第一,高中毕业率为全美第二,数学成绩也比其他州高。许多企业家反映,犹他州的人才具有四大特点:素质高、富有创造性、外语人才最多、合作精神好。

犹他州政府为了大力加强以科技为基础的商业发展,专门成立了商业创造发展局。在选择促进经济发展的重点技术产业上高瞻远瞩,始终把高科技放在重要位置,并把信息技术作为重中之重。目前,犹他州有工业(园)区80个,大学高科技工业园2个。犹他州软件工业谷内有1400个高科技公司,约8万名员工,全国500家大企业的总部设在这里。政府的作用也是犹他州崛起的重要一环。前州长李维曾说:使犹他州保持良好发展势头的重要条件就是高科技,犹他州的未来在于我们如何迅速而出色地适应新的信息生态系统。

分析国内外区域经济发展的经验,可以得到这样的启示:创新贯穿于区域经济发展始终,在区域经济发展中起到决定性的作用,具有十分现实和深远的意义。①创新有助于巩固、延伸区域已有优势的效应,发掘、促成新的优势,使不同优势相得益彰,促进区域优势向经济优势的加速转化。②创新有助于准确地把握区域经济发展的客观规律,增强战略决策的科学性和预见性,促进区域经济健康稳定地发展。③用创新的思想、理论指导区域经济发展的实践,能有效解决区域经济增长方式转变中的突出矛盾,推动区域经济增长方式的转变。

第四节 区域技术创新运行机制与评价设计

一、区域技术创新系统结构及其运行轨迹

所谓区域技术创新是指在一定区域内、一定区域背景下由科学、技术、教育、经济等诸要素形成的一体化的发展机制,是一个以企业为主体,地方政府、科研教育单位、中介机构构成的区域创新系统。它依托区域科学技术创新实力,有效地利用区域技术创新资源,协调区际的科技合作与竞争,实现区域内技术创新资源(人才、知识、投入)的高效配置与结构优化,促进区域技术创新活动的广泛开展和创新成果的应用、推广和普及,从而创造和发展区域的竞争优势,保证区域经济发展。区域技术创新系统是区域科学与技术组织、高校、企业相互作用,共同发展的网络。这种创新系统具有系统的主要特征,而且是开放的。区域技术创新系统承担着把高新科学与技术内化为区域经济发展的自变量、促进区域产业结构的调整与现代化,从而保证区域经济与社会的可持续发展的任务。

区域技术创新是国家技术创新与企业技术创新的桥梁和纽带,在其运行中包括组织创新、制度创新、政策创新、社会创新、文化创新和政治创新等。区域技术创新结构与国家技术创新结构类似,主要由区域技术创新结构、区域技术创新基础设施、区域技术创新资源、区域技术创新环境和区域与区外技术创新互动五大部分构成。

区域技术创新是一个动态过程,它不仅仅是技术发明、技术进步,而且是将发明首次引进工业生产体系,在科学的指导下,使技术商品化。区域技术创新是在技术推动或需求拉动的作用下,产生新技术或新产品的构思过程,是经过研究开发,进行中间试验,再使产品商品化生产,最终商品化的过程,区域技术创新经历了基础研究—应用研究—技术开发—商品化—产业化等过程。

二、区域技术创新运行的内在因素和外部环境

区域技术创新的运行模式:其一,创新系统中的各组成要素,即企业、科研机构、政府、中介机构等,经过组织创新,在顺畅的条件环境下,进行分工合作、角色定位与优化组合,以适应技术创新活动的需要;其二,在制度创新环境下,各要素相互作用,形成具有特定功能的复合创新主体(主要是企业);其三,复合创新主体在技术环境、政策环境的支持、引导和约束下,依靠良好的市场与法治环境,沿着正确的方向和稳定的过程,实施技

术创新活动。

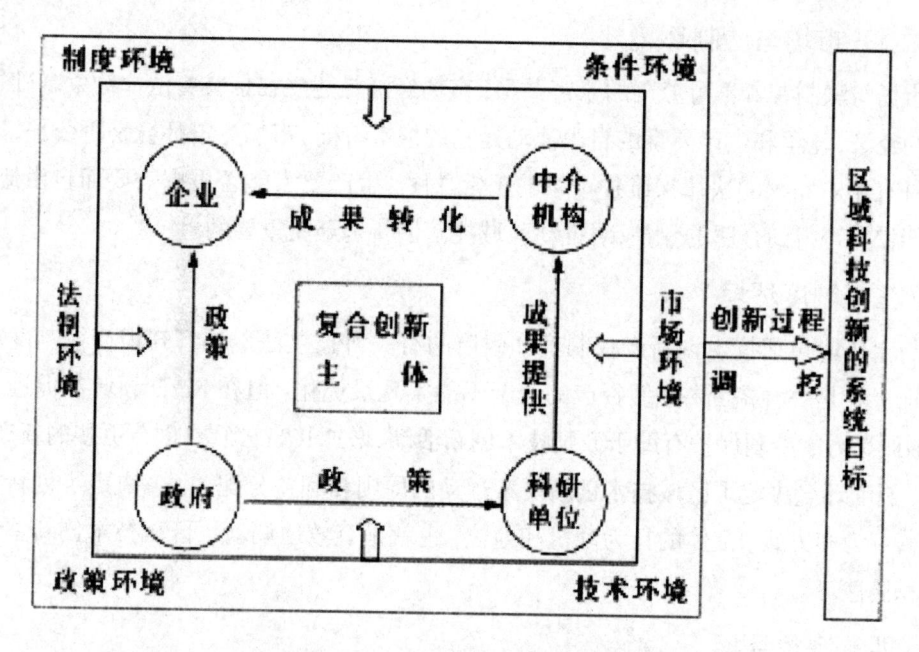

图 4-3　区域技术创新运行轨迹图

综上所述，区域技术创新就是一个从 R&D 开始到实现市场价值的动态过程，从其运行的轨迹看，基础研究是技术创新前提，应用研究是根本，技术开发是手段，商品化、产业化是过程，经济发展是目标。它们之间是紧密衔接而不可逾越的，一旦某个过程受阻或某个环节出现问题，区域技术创新将无法正常运行。也就是说，内在的过程因素对区域技术创新能否正常运行起着至关重要的作用。

然而，区域技术创新运行除受上述内在因素和成分的影响外，它的行为还直接或间接地受到所处环境的控制和制约，如技术发展状况，一国的法律、文化、社会规范等。区域技术创新不仅是创新网络内部不同组织（企业、政府、科研单位、中介机构）相互协调的过程，而且也是它们与外部环境之间相互适应、相互作用的互动过程。因此，区域技术创新行为实际上是在各种制度及环境变量的约束下，各种组织为了各自的利益相互作用，创造新知识和新产品的过程。建立切实有效的区域技术创新运行机制，经过过程创新最大限度地消除阻碍其高效运行的不利因素，将有利于一个国家或地区的经济飞速发展。

对区域技术创新运行产生直接的决定性影响的外部环境可大致归纳为：

（一）技术环境

区域技术创新理论中，科技和市场是技术创新的两个直接动力。技术环境是指一个国家的科技发展轨迹、现实科学知识存量和技术水平，它是本国企业创新和科技发展的基础。较高的科技发展水平可以推动技术创新和合作行为的发生，如果发展水平低下，它也可能对技术创新活动产生制约作用。在当前的技术环境下，由于技术不确定性的增加,其对区域技术创新的顺畅运行显得尤为重要。

（二）市场与法制环境

市场与法制有着不可分割的紧密关系,市场经济是建立在信誉与法律约束基础之上的契约经济,竞争和生产要素的自由流动是它的根本特征,市场竞争环境是否公平,以及是否具有相对完善的法律来维护市场的正常秩序,生产要素能否根据需要而自由流动,知识产权能否得到合法的保护,对推动区域技术创新是至关重要的。

（三）制度环境

制度环境包括技术创新产权制度和政府的有关科技立法。尽管知识产权制度从经济特征上看是一种垄断权,使资产的分配不能实现最优化,但在R&D领域却促进了竞争。强而有力的专利保护有助于鼓励技术创新活动,增加R&D经费,创造更多的新产品。所以,制度环境决定了区域技术创新要素运动的原则和利益分配关系,决定了创新主体的经营行为和方式、个体的行为动机和地位,也就是有效地调动了区域技术创新主体的创新积极性。

（四）政策环境

政策环境决定区域技术创新的具体行为步骤和程序。同一制度模式下,不同时期、不同国家、不同的决策者所执行的政策体系可能会有巨大的差别,因而对区域技术创新运行产生的影响也大不一样。政策环境对区域技术创新的影响最大的是利益分配政策、产业技术政策、财政政策、金融政策和就业政策等宏观经济政策。

三、区域技术创新评价指标体系的设计原则

区域技术创新运行是指从确定创新的产业技术领域到确定事实战略,再到选择技术创新项目,最后实现创新扩散、带动产业结构优化升级和经济发展的整个过程。反映一个区域技术创新强弱的标准,关键要看其创新能力,而区域技术创新能力的提高又是一项涉及诸多因素的复杂的系统工程,对区域技术创新能力的评价不是某个指标或部分指标就能完成的,必须根据某一特定历史时期区域技术创新的特点,结合其动力因素,构成一个既能反映行政区域内政府在培育和促进创新活动的开展方面所起的作用及重视程度,又能评价市场机制在创新投入和产出方面的运作效果,同时还要兼顾地区科技发展潜力的指标体系。

（一）科学性原则

指标体系要科学准确地反映区域技术创新的内涵、规律以及现有实力和未来潜力,要兼顾总量指标和相对指标。指标体系的设置是否科学合理直接关系到评价的质量,因此,设置的指标要有代表性、完整性和系统性,以现代科技统计理论为基础,结合必要的

调查和考证,定性、定量相结合,进而得出科学合理、真实客观的评价结果。

(二) 可行性原则

指标体系要在尽可能科学、客观、合理的基础上,兼顾指标的实用性和可操作性,尽可能通俗易懂,便于数据采集和计算操作,避免形成庞大的指标群或复杂的指标树。计算公式要科学合理,评价过程要简单易行。

(三) 可比性原则

指标体系的设计主要用于横向比较,如国内其他地区或区域内同等级地市之间的比较,衡量标准和参照数值应以同一指标体系下计算得出的有代表性的其他区域的评价指数做参照,也就是说要选好参照系。这样得到的结论可比性强。

四、区域技术创新评价指标体系的建立

区域技术创新能力评价指标体系是一个多层次、综合复杂的开放系统。评价指标体系基本结构设为两个层次,即指标类和指标项,可设多个指标类,每个指标类可下设若干个指标项,它们的内容是复杂而丰富的。一般说来,在评价指标科学合理的基础上,指标类和指标项越多,评价指数越精确,但操作复杂,可行性差。随着科技的进步和社会经济的发展,指标类和指标项的内容将不断充实完善。

(一) 设定评价指标体系

为了便于分析,这里我们根据区域技术创新的基础研究—应用研究—技术开发商品化—产业化过程,经历研究与开发阶段、设计与试制阶段、生产阶段、销售阶段等阶段,对影响区域技术创新能力起关键作用的五类指标进行分值评价,即政策法规(数量)指标、科技投入(资源)指标、科技产出(效率)指标、科技实现(效益)指标和可持续发展(综合评价)指标。

1. 政策法规指标

创新前期指标,是硬指标,主要反映这方面文件、规定及措施的数量。区域技术创新活动开展得如何,在很大程度上和政府的引导和鼓励等支持程度有关。因此,政策、法规指标的设立不仅可以指导区域科技工作的有效开展,而且对于奖励创新、提高区域技术创新潜力以及促进高新技术产业化等方面起着重要作用。这项指标内容包括地方政府指定的促进科技成果转化、深化科技体制改革、拓宽科技企业融资渠道以及增加财政税收支持等方面。

2. 科技投入指标

科技投入指标即 R&D 阶段指标,R&D 包括基础研究、应用研究和开发研究,它是区域技术创新的技术源泉,R&D 能力是区域技术创新能力的技术前提和基础。科技投入指标包括区域经济发展水平(GDP、工业总产值、财政收入)、财政收入用于科技投入的规

模；区域内科研机构和高校数量、规模、科研实力及与创新相关的研究领域；区域产业结构、产业相关度和经济布局情况企业内部R&D的投入情况；企业内技术创新人员结构和对技术创新人员的激励办法。

3. 科技产出指标

科技产出指标即商品化阶段指标，主要评价企业利用创新资源和科技投入开发新产品（尤其是高科技含量高的产品）的能力，区域技术创新中科技成果水平及其转化为现实生产力、提高企业科技进步速度的能力。主要包括专利产出和科技论文数，高科技产品占出口总额的比重。

4. 科技实现指标

科技实现指标即产业化阶段指标，是对科技产出的深化。区域技术创新的实现，不仅是开发出若干新产品，更重要的是生产出的创新产品能进入市场并占有市场，以获得最高的经济效益。该指标主要包括创新产品的产值率、销售率、利税率、劳动生产率和科技进步贡献率等。

5. 可持续发展指标

可持续发展指标即综合经济指标。区域技术创新是促进企业可持续发展、企业生存及其竞争力不断提升的决定性基础。创新促进了区域经济的发展，而区域经济发展应遵循区域社会—人口—经济—资源—环境等可持续发展思想，从区域技术创新与资源利用及环境保护的关系角度来设定评价指标。它涉及环保、教育、人们生活质量等几个主要方面。

综合以上因素，评价指标可具体设置如下：指标类 T_1、T_2、T_3、T_4、T_5 5个；指标项 $T_{11} \sim T_{14}$；$T_{21} \sim T_{210}$；$T_{31} \sim T_{36}$；$T_{41} \sim T_{45}$；$T_{51} \sim T_{510}$ 等35个。见表4-1。

表 4-1 区域技术创新指标评价体系

指标类 T_i	评价指标		指标项 T_{ij}	指标项权重 λ_{ij}	指标类权重 F_i
政策法规 T_1		促进科技成果转化（文件数量）	T_{11}	λ_{11}	F_1
		深化科技体制（文件数量）	T_{12}	λ_{12}	
		拓宽科技体制融资渠道（文件数量）	T_{13}	λ_{13}	
		加大财政税收支持（文件数量）	T_{14}	λ_{14}	
科技投入 T_2	人力投入	科研人员（按中高级职称）数	T_{21}	λ_{21}	F_2
		每万人口中知名科学家数	T_{22}	λ_{22}	
		总科技人员数	T_{23}	λ_{23}	
		年度教育培训投入	T_{24}	λ_{24}	
	财力投入	R&D 投入占 GDP 比重（%）	T_{25}	λ_{25}	
		科技活动经费支出数	T_{26}	λ_{26}	
		地方政府科技拨款数	T_{27}	λ_{27}	
		地方财政科技拨款占财政支出比重（%）	T_{28}	λ_{28}	
		企业技术开发经费占产品销售收入比重（%）	T_{29}	λ_{29}	
		地方人均科技经费支出数	T_{210}	λ_{210}	
科技产出 T_3		专利申请受理数（件/百万人）	T_{31}	λ_{31}	F_3
		国内科技论文数（件/百万人）	T_{32}	λ_{32}	
		获国家科技成果奖数（件/百万人）	T_{33}	λ_{33}	
		高技术产品增加值数（件/百万人）	T_{34}	λ_{34}	
		高技术产品出口额占出口总额比重（%）	T_{35}	λ_{35}	
		科技成果转化率（%）	T_{36}	λ_{36}	
科技实现 T_4		新产品产值率（%）	T_{41}	λ_{41}	F_4
		新产品销售率（%）	T_{42}	λ_{42}	
		新产品利税率（%）	T_{43}	λ_{43}	
		全员劳动生产率（%）	T_{44}	λ_{44}	
		科技进步对企业经济增长的贡献率（%）	T_{45}	λ_{45}	
科技促进可持续发展 T_5		人均 GDP（元/人）	T_{51}	λ_{51}	F_5
		万吨 GDP 综合耗能（吨/元）	T_{52}	λ_{52}	
		单位产出三个废排放量	T_{53}	λ_{53}	
		"三废"综合利用产品产值率（%）	T_{54}	λ_{54}	
		环境污染治理指数（%）	T_{55}	λ_{55}	
		废旧资源综合利用率（%）	T_{56}	λ_{56}	
		教育经费实际投入占 GDP 比重（%）	T_{57}	λ_{57}	
		INTERNET 用户数（户/每百万人）	T_{58}	λ_{58}	
		邮电通信业务盘数（每百万人）	T_{59}	λ_{59}	
		家庭汽车占有数（每万家）	T_{510}	λ_{510}	

（二）选择评价方法及评价程序

1. 综合评判法

采用模糊 j 数学中的综合评判法进行评价。其数学表达式为：

$$E = \sum_{i=1}^{n} F_i T_j$$

$$ET_i = \sum_{j=1}^{m} \lambda_{ij} T_{ij}$$

式中 E 为区域技术创新能力评价值；T_i 为第 i 类指标评价值；F_i 为第 i 类指标权重系数，（$\sum_{i=1}^{n} F_i = 1, 0 < F_i < 1$）；$T_{ij}$ 为第 i 类的第 j 项指标评价值，λ_{ij} 为第 i 类的第 j 项指标权重系数（$\sum_{j=1}^{m} \lambda_{ij} = 1, 0 < \lambda_{ij} < 1$）。

2. 评价程序

（1）指标标准化。由于在评价过程中，指标的计量单位不同，无法进行交叉运算和综合比较分析，因此需要用一个合理的综合评估指数进行评价和排序，在这里我们将数据进行指数化处理，其中 T_{ij} 为 X_{ij} 的标准化值；X_{ij} 为第 i 类的第 j 项指标统计原始数据，X_{ijmax} 为所有 X_{ij} 中的最大值，X_{ijmin} 为所有 X_{ij} 中的最小值。标准化的目的有两个，其一，使指标无量纲化；其二，使指标控制在[0,1]之间,增加离散性。一般来说，所有指标可划分为成本型、效益型、适中型等指标,标准化处理如下：

① 成本型指标（"越小越优型"）$T_{ij} = (X_{ijmax} - X_{ij})/(X_{ijmin} - X_{ij})$；

② 效益型指标（"越大越优型"）$T_{ij} = (X_{ij} - X_{ijmin})/(X_{ijmax} - X_{ij})$；

③ 适中型指标（"越接近某一标准值 U 越优"）$T_{ij} = (1 - |X_{ij} - U_i|)/\max|X_{ij} - U_i|$

显然，T_{ij} 在[0,1]，根据习惯，可将 T_{ij} 放大，如按百分制，可将 $T_{ij} \times 100$ 作为最后的标准化值。

（2）确定权重值。一般采用主客观相结合的附权法确定权重值，既考虑人们主观上对各项指标的重视程度，又考虑各项指标原始数据之间相互关系对总体评价指标的影响。主要权重指标可以在广泛征求专家意见的基础上进行。

（3）计算指标值 $T_i = F_i \sum_{j=1}^{m} T_{ij} \lambda_{ij}$。

（4）计算区域技术创新活动评价值 $E = \sum_{i=1}^{n} T_i$。

五、小结

1. 区域经济发展的技术创新动力系统

其主要构成要素：政府、企业、科研院所、高等院校、中介机构、技术、制度等。动力的表现形式：技术推力、市场拉力、扩散力等。功能的实现过程：由政府、企业、科研院所、高等院校、中介机构构成区域技术创新系统，通过发展技术创新系统的功能来推动区域经济的发展。既通过技术创新使新的科技成果走向市场，首次转化为现实的生产力，又通过众多的企业对创新进行模仿，随着技术创新扩散，而产生了乘数效应、增值效应和优化效应，使技术创新逐渐植入经济领域并产生扩张效应。技术创新→进入市场→企业模仿→生产的过程，就是技术推力→市场适应力→扩散力的实现过程。因此，技术创新对区域经济发展具有决定性作用。

2. 正确观念

熊彼特批评了"经济系统是静态的、均衡的"传统主流经济学观念，首次向人们昭示创新对经济发展的巨大作用，并创造性地提出了一个以创新概念为核心的经济发展理论，开了创新理论研究的先河，为技术创新理论体系的建立奠定了坚实的基础，在技术创新理论发展史上，甚至在整个经济学史上占有极为重要的位置。

3. 创新是区域经济发展的决定性因素

创新是区域经济发展的决定性因素，没有创新就没有发展。在利润最大化假设下，区域开展技术创新活动的根本原因是这些活动能够给它带来收益增长。从成本的角度，技术创新包括成本节约型创新和价值提高型创新，但无论哪种类型，区域创新动力都来自两个方面，即预期自己能获得理想的创新效率；预期所取得的创新成果能在市场上得到较好的实现。

4. 技术创新对区域经济发展的根本影响

技术创新对区域经济发展的根本影响，在于知识经济化和经济全球化的基本趋势，使区位优势逐步淡化，代之而起的是知识资源的巨大作用以及知识基础上的全面竞争。技术创新通过开拓新的发展空间和途径推动区域经济发展。从国内外区域经济发展的经验可以看到，技术创新贯穿于区域经济和社会发展的始终，是区域经济发展的重要动力，在一个国家或地区的经济发展中起到决定性作用。

5. 区域技术创新过程

区域技术创新就是一个从 R&D 开始到实现市场价值的动态过程。基础研究是创新的前提，应用研究是根本，技术开发是手段，商品化、产业化是过程，经济发展是目标。它们之间是紧密衔接而不可逾越的，一旦某个过程受阻或环节出现问题，区域技术创新将无法正常运行。也就是说，内在的过程因素对区域科技创新能否正常运行起着至关重要的作用。建立切实有效的区域技术创新运行机制,经过过程创新最大限度地消除阻碍其高效运行的不利因素,将有利于一个国家或地区的经济飞速发展。

第五章 民族地区产业结构优化目标

第一节 产业结构优化的含义

产业结构是经济发展的产物,但也是人类活动的结果,同时还是人类选择的结果。由于人的有限理性和集体活动的惯性,各地、各国的产业结构不尽合理,更谈不上优化,影响了经济和人类的可持续发展,因此就产生了产业结构的优化问题。

一、关于产业结构变迁的研究方法评析

（一）关于产业结构变迁的研究方法

在一般的产业结构研究中,所采用的方法主要有以下几种：

1. 经验实证分析方法。这种研究方法是通过对历史经验进行实证分析,概括出一些基本理论前提假说,然后进行推论,并使结论接近于现实。许多研究产业结构问题的专家,如克拉克、库兹涅茨、钱纳里等都采用这种分析方法。他们认为,产业结构的演进变化尽管存在例外,但大多数国家都会出现共同趋势。一国选择怎样的产业结构,在政策上虽然有一定的灵活性,但必须考虑到产业结构的历史发展形态与国际比较。采用这种实证分析方法的专家学者一般都占有大量的统计资料,在对这些资料进行科学分类整理的基础上,进行实证研究,做出经验总结,找出规律性的知识。

2. 静态分析方法。这种研究方法即是从一个时点观察产业发展的横截面的状况,具体表现形态是各产业间的比例或某一个产业增长水平。虽然产业结构的变化是经常发生的,但从某个时点去观察,各产业间的要素比例是相对稳定的,对揭示产业组成、发展水平（比重）以及产业间的联系和比例关系具有较大的参考价值。

3. 动态分析方法。产业结构是一个动态系统,结构内部每时都存在能量、物质、信息

的转换，并且产业结构有一个演进或高级化的过程。因此，不能满足于对产业结构的组成、比重、联系状态和方式的静态分析。一些学者强调从长期、动态的观点分析产业结构，无疑是正确的。产业结构动态分析的指标可以分为两大类：一是产业结构变动指标，如产业结构变动值、劳动力结构变动值等；二是产业结构联系指标，如结构相似系数、霍夫曼比率等。

4. 相关分析方法。产业结构的变化，既是内部结构相互调节的问题，又是和其他因素相互作用的结果。为研究其复杂的内在机制，在产业结构研究的方法论上也比较强调采用相关分析方法，以揭示产业间的关联性，在产业结构和其他结构之间变动的相互关系中研究产业结构变化。按照其分析范围可以划分出三个层次：一是偏重产业间生产的相关分析，它主要依靠投入产出表进行相应的产出间关联分析。二是偏重产业结构与其他主要有关结构变化的相关分析。例如，日本的佐贯利雄认为，研究产业结构变化，必须综合考察产业结构与就业结构、职业结构等各种结构变动的相关性。三是从某一特定区域（如地区或国家），全面把握社会经济系统的主要方法，来研究产业结构变化趋势。这一相关分析方法主要应用于社会经济发展战略规划中。

除此之外，还有层次分析方法（又称 AHP 法）、定量分析方法、德尔菲法（Delphi）等，这些方法不是互相排斥的，往往在某一具体问题中同时使用几种方法构成一个体系，来研究产业结构变化规律。

（二）对产业结构研究方法的评价

从上面我们所列的各种研究方法可以看出，它们有两个显著特点，这就是采用实证和时间序列分析的方法。所谓实证，就是采用归纳法，把世界各国产业结构的变化进行总结，得出具有一般性的结论，推而广之，成为世界各国、各地区产业结构变化的准则；所谓时间序列分析，就是取一段时间内的各产业间的比例变化作为样本进行分析，得出一般性结论。显然，从实证这一方法看，似乎存在的就是合理的、存在的就是一般的，既不必考虑特殊性，也不必考虑具体性。从时间序列分析方法看，即使某人的研究所观察的时间再长，也只是几十年最多是 100 多年的事情。不仅仅在人类的历史长河中，即使在有文字记载的近 5000 年历史中上百年也只是弹指之间，不仅不能反映生产的长期规律性，更不能反映人的心理、欲望和消费的变化。发达国家服务业的优先增长就反映了这一问题。人们对社会经济、生产活动目的的反思，幸福指数的提出也正反映了这一问题，尤其是幸福指数由一个不发达的小国家不丹提出来，则说明人类的幸福并不总是与经济发展、GDP 增长相关的。发展中国家和不发达的小国家完全可以在经济发展的较低层次上追求幸福。

此外，尤其重要的是，以往这些研究方法共同缺乏的就是规范分析，也就是形成现在产业结构背后的决定因素。马克思曾经说过："哲学家只是在用不同的方式解释世界，而问题的关键在于改造世界。"上述的实证方法无非就是归纳、总结，虽然其中也有解释的成分，但这种解释是建立在归纳和总结基础之上的，并没有说明事物的规律，更没有证明事物的规律性。事实上，各个国家不同时期决定产业结构的因素有很大不同，正如我们前面所说，大国与小国在产业发展上是有区别的。像美国、俄罗斯、中国等可以发展"大而全"的产业结构，而像新加坡、梵蒂冈和日本就只能发展"小而全"的产业结构。此外，各国的发展阶段不同，所处的环境也不同，这样，在按照上面几种方法进行数量分析时，难免某些国家的产业结构出现"不合理"，也就使一些国家失去了"后发优势"。事实上，在过去的一段时间内，除了第一、第二、第三产业之间普遍存在着递进关系之外，并不存在具体的、一成不变的，放之任何国家都准确的关系，世界上也没有几个国家的产业结构是完全相同的（见表5-1），更不能以此来分析和判断像中国的内蒙古、云南等一些省区的产业结构是否合理。

表5-1 世界各国或地区主要年份产业结构

单位：（%）

国家或地区	农业 1990年	农业 2000年	农业 2003年	工业 1990年	工业 2000年	工业 2003年	服务业 1990年	服务业 2000年	服务业 2003年
澳大利亚	3.8	3.7		29.0	25.6			67.2	70.7
奥地利	3.8	2.5	2.3	34.1	32.8	31.7	62.1	64.8	65.9
比利时	2.3	1.5	1.3	32.7	28.1	26.5	65.0	70.4	72.2
巴西	8.1	7.3	5.8	38.7	28.0	19.1	53.2	64.7	75.1
加拿大	2.9	2.3		31.8	33.8		65.3	63.8	
智利	8.7	8.5	8.8	41.5	34.6	34.3	49.8	56.8	56.9
中国	27.0	16.4	14.6	41.6	50.2	52.3	31.3	33.4	33.1
古巴		6.7			46.4			46.9	
丹麦	4.5	2.9	2.1	26.5	27.2	26.4	69.0	69.9	71.5
芬兰	6.6	3.9	3.5	34.4	34.4	30.5	59.1	61.7	66.0
法国	3.8	2.8	2.7	29.7	25.5	24.5	66.5	71.7	72.8
德国	1.7	1.2	1.1	38.8	30.8	29.4	59.5	68.0	69.4
希腊	10.7	7.6	6.9	28.2	22.8	23.8	61.1	69.6	69.3
中国香港	0.3	0.1		25.4	14.2		74.4	85.7	
匈牙利	14.5	4.3		39.1	33.1		46.4	62.6	
印度	31.3	24.6	22.2	27.6	26.6	26.6	41.1	48.8	51.2
伊朗	23.5	14.2	11.3	28.6	32.7	41.2	47.9	53.0	47.6
爱尔兰	9.1	3.8		35.0	42.4		56.0	53.9	
意大利	3.6	2.9	2.6	33.9	29.0	27.8	62.5	68.1	69.5
日本	2.5	1.4		39.4	32.2		58.2	66.4	
肯尼亚	29.1	19.7	15.8	19.1	18.6	19.6	51.7	61.7	64.7
韩国		4.3	3.2		36.2	34.6		59.5	62.2
马来西亚	15.2	8.8	9.7	42.2	50.7	48.5	42.6	40.5	41.8

二、国内外学者对产业结构变迁规律的研究

国外学者对产业结构的变迁进行了长期的研究。日本学者石川秀从方法上将产业结构理论方面的研究分为两种:"广义地说,在结构变化的文献中存在着两种不同的方法。第一种方法试图使用经过选择的若干国家之间的横断面数据和时间序列数据,从统计上确认经济增长与结构变化之间的某些普遍联系。第二种方法从一开始就集中研究在相似的起始条件与经济制度下的一批国家的历史经验,并且探索能够最好地说明所发生的结构变化过程的特殊理论。"

如果说石川秀的总结是针对过去的话,那么,杨小凯等人的关于专业化分工与交易费用的研究也可以算得上是一种新的成果。

(一)第一种方法的代表学者及其理论

亚当·斯密是对产业结构演进及其动因做出精辟论述的早期学者之一,他总结了社会资本的投资顺序,认为"按照事物自然趋势,进步社会的资本,首先大部分投在农业上,其次投在工业上,最后投在国际贸易上。这种顺序是自然的"。威廉·配第(Petty.W)虽然是从收入的角度进行的研究,但也得出了与亚当·斯密几乎相同的研究结论。他通过例子说明,英格兰的农民一周可赚到4个先令,而一个海员的工资加上伙食等其他形式的收入可以达到每周12个先令,因此一个海员的收入是农民收入的三倍。因此,制造业比农业,进而商业比制造业能够得到更多的收入。他又举了一个荷兰的例子,当时的荷兰由于大部分人口都从事制造业和商业,因此荷兰的人均收入要远远高于欧洲的其他国家。英国经济学家科林·克拉克(Colin Clark)从人均收入和劳动力转移的角度进行了研究,得出了与前人相同的结论。他通过对40多个国家不同时期的三次产业的劳动投入和总产出资料的整理与比较指出,随着全社会人均国民收入水平的提高,劳动力首先由第一产业向第二产业转移,当人均国民收入水平进一步提高时,劳动力便向第三产业转移。他将各国经济发展划分为三个阶段:第一个阶段是经济发展的初级阶段,在这一阶段,农业是人们收入的主要来源,但农业的人均收入是相当低的。随着经济的发展,制造业的比重有所提高,这是因为制造业的人均收入要高于农业,在此阶段,社会总体的人均收入也要高于初级阶段。随着经济的进一步发展,第三产业(特别是服务业)获得了很快的发展,这也是由于第三产业的人均收入要大大高于农业和制造业的,当然,作为社会总体来说,其人均收入也比前两个阶段有了较大的提高。库兹涅茨则直接从三次产业占国民收入比重变化的角度论证了产业结构演变规律:在工业化起点,第一产业比重较高,第二产业比重较低。随着工业化进程的推进,第一产业比重持续下降,第二和第三产业比重都有所提高,且第二产业比重上升幅度大于第三产业,第一产业在产业结构中的优势地位被第二产业所取代。当第一产业比重降低到20%以下时,第二产业比重高

于第三产业,工业化进入中期阶段;当第一产业比重再降低到10%左右时,第二产业比重上升到最高水平,工业化进入后期阶段,此后第二产业的比重转为相对稳定或有所下降。在整个工业化进程中,工业在国民经济中的比重将经历一个由上升到下降的倒U形变化。不过,20世纪70年代后,一些学者利用库兹涅茨的分析方法对20世纪60年代以后世界主要国家的产业结构进行了研究,得出了与库兹涅茨分析不完全相同的一些结论:在这些工业先行国,无论是劳动力和国民收入,其第一产业比重的下降趋势在20世纪70年代都有所减缓,在其中的主要国家(如美国和英国)都已降到了4%以下。第二产业的比重自20世纪70年代后在这些国家也都已出现下降的势头;工业特别是传统工业在国民经济中的作用正在逐步降低。第三产业则显示出了强劲的上升趋势,其比重都已占到了整个国民经济的一半以上。

德国经济学家霍夫曼对工业化尤其是重工业化问题进行了开创性研究。在《工业化阶段和类型》(1931)中,他对英国产业革命以来50年间(1880—1929)20多个国家的工业化进行了实证分析。后来在1958年出版的《工业经济的成长》一书中又根据以后的工业化实践资料进一步阐述了工业部门间结构变动的一般类型,他认为工业化过程中各工业部门的成长率并不相同,因而形成了工业部门间的特定的结构变化,而且具有一般倾向。这个不同的成长率是由生产要素(自然资源、资本、劳动力)的相对数量、国内市场与国际市场的资源配置、技术进步、劳动者的技术熟练程度、消费者的兴趣爱好等因素的相互作用引起的。他选择了有代表性的8类产品进行观察分析,提出了霍夫曼比率,即消费品工业净产值与资本品工业净产值之比;发现了各国工业化虽然进行时间早晚不同且发展水平各异,但都表现出一个共同趋势,即资本品工业净产值在整个工业净产值中所占份额稳定上升,并呈现出大体相同的阶段性质。日本经济学家盐谷佑一利用产业关联理论对霍夫曼的工业化经验法则重新进行了论证,认为霍夫曼工业化经验法则不能反映整个工业化过程。他认为,从历史上看,曾出现过重工业产品只用于满足基本建设和军需物资的需要的情况,在这样的历史背景下,霍夫曼的观点是符合实际的。但是,随着科技的进步,工业化过程进入中、后期,即工业部门结构从以原料为重心转向以加工组装工业为重心后,重化学工业产品广泛用于制造消费资料,尤其是进入耐用消费品的发达阶段,更是如此。这样,产业的供需关系发生了结构性的变化,出现了在重工业内部消费资料生产的比重日益增大的现象,这主要是由于机械工业中耐用消费品的生产迅速增长。因而从总体上看,消费资料工业和资本资料工业的比率不是继续下降,而是出现稳定倾向。钱纳里和赛尔奎因对低收入的发展中国家的产业结构变动进行了研究,在全面分析结构转变和影响结构转变的多种因素的基础上,认为在工业化的不同阶段,影响工业化的各种因素的相对重要性也不完全相同;不同国家的结构转变受一个国家的资源禀赋、初始结构以及所选择的产业政策的影响,没有一个统一的模式。

里昂惕夫是从一般均衡角度研究产业结构变动的经济学家,他研究和分析了国民经济各部门之间的投入与产出的数量关系,利用投入产出表和投入产出系数推断某一部门经济活动的变化对其他部门的影响,计算为满足社会需求所需要生产的各种产品总量,并分析国民经济发展和结构变化的前景。

(二)第二种方法的代表学者及其理论

美国经济学家罗斯托是最早提出主导产业理论的学者,他考察了经济增长所依赖的特殊部门的动态力量,提出了按技术标准把经济成长阶段划分为传统社会、为起飞创造前提、起飞、成熟、高额群众消费、追求生活质量六个阶段,并认为每个阶段的演进是以主导产业部门的更替为特征的,并且主导部门序列不可任意变更,任何国家都要经历由低级向高级的发展过程。罗斯托还研究了现代社会主导产业的变化问题,认为随着社会生产力的发展,特别是科技进步和社会分工日益深化,带动整个产业发展的已不是单个主导产业,而是几个产业共同起作用,罗斯托称之为主导部门综合体。赫希曼通过研究资源的稀缺性问题,得出了与罗斯托相似的观点。他认为,由于发展中国家资源的稀缺性,全面投资和发展一切部门几乎是不可能的,只能优先发展一部分具有战略意义的产业,并以这些产业的投资所创造出的新的投资机会为动力,逐步扩大对其他产业的投资,以带动其发展。

筱原三代平通过对不同产业的动态比较成本分析提出了国家扶持重点产业发展的重要性。筱原三代平认为,如果按照李嘉图的理论,发达国家将其重点放在重工业等收入弹性高的产业,而发展中国家只发展农产品等收入弹性低、技术进步率低的初级产业,这种国际分工持续下去会导致发达国家和发展中国家的收入差距进一步拉大。从发展的眼光和动态的角度看,某一时点在国际贸易中处于劣势的产业,经过一定的时期,特别是给予有力的扶持,有可能转化为优势产业。对那些潜力巨大且对国计民生有重要意义的产业,不但不应放弃它的发展,而且要扶持它的发展,使之成为强有力的出口产业。

(三)杨小凯等人的理论观点

杨小凯试图从劳动分工的演进和交易效率的改进解释全球现代服务业产生的原因,认为专业化能促进学习,但会增加交易费用。如果人们通过比较认为专业化促进学习的效果与增加交易费用相比是值得的,也就是说学习提高的效率能至少抵消增加的交易费用,那么人们就会选择专业化。张南生等人认为,发达国家现代服务业的出现和迅猛发展正是杨小凯这一分工理论最好的见证。随着现代信息技术、网络技术的发展和知识经济的出现,人口素质不断提高,加上市场经济制度的完善和现代化交通运输条件的改善,使交易效率大大提高,从而为现代工业分工的进一步深化提供了变革性的外部条件,这是引发现代服务业的外在因素。同时,知识经济导致专业知识的深度和广度不断提高,一个人在短期内很难掌握某一专业内的全部知识,因而动态学习效率很低,这就使得现代企业只有专心致力于专业生产的某一领域而把其他领域交由别人来完成才会更有效率。因此,知识经济使得现代工业具有了进一步深化分工的外部环境和内部动力,现代服务业也就应运而生,并在市场制度相对完善的地区得以迅猛发展。近些年来外包服务业的发展最能说明这一形势。过去存在于企业内部经济运行过程中所必需的职能或功能,通过企业规模和整个产业规模的扩大,也具有了规模化的要求,逐渐从企业内部走向外部,从而形成新兴的服务行业。为了降低交易成本,很多跨国公司把许多业务的核心环节用外包方式来完成,因而围绕着服务外包产生了很多新的行业,如物流、研发和设计,这些企业内部的核心环节都成了外包业务;以IT技术为基础的信息服务也是一个新兴领域;还有围绕诸如勘探、石油开发等领域进行的专业化工程服务,也是现代服务业非常重要的发展领域。

另外,有人认为企业服务是指用于商品和其他生产经营活动中间投入的服务,也称为生产者服务。生产者服务包括的内容十分广泛,比如生产上游阶段投入的可行性研究、市场调查与预测、风险资本筹集等服务;生产中游阶段的设备租赁与维护、质量控制、仓储等服务;生产下游阶段的广告、运输、分销、售后服务,以及在整个生产过程中所需投入的会计审计、金融保险、法律服务、通信、培训等各种服务。格鲁伯等人曾指出,生产者服务是将日益专业化的人力资本和知识资本引入生产部门的飞轮。在生产过程中,其为劳动和物质资本带来更高的生产率,并改进了商品和其他服务的质量。1990年以来,随着经济国际化和全球化趋势日益加强,企业之间的竞争无论在国内市场上还是在国际市场上都更加激烈,而且竞争的手段已不限于传统的价格竞争,更多的是采取提供能满足消费者特定需求的差别性的产品、可靠的性能、良好的售后服务等非价格竞争手段。为了适应这种新的经营环境的挑战,美国企业日益重视对人才的培养,加强对研究与开发、产品设计、管理和技术咨询、员工培训、广告、分销、信息处理等各种生产者服务的投入。在许多产品价值中服务投入所占的比重远远超过有形的材料技术的比重,在技术知识密集型产品中尤其如此。

(四)简要评价

所有以上理论对产业结构演变的规律的分析和认识无疑都是正确的,但对现实的指导意义几乎又是不足为道的。

第一,所有的研究表明了一个不争的事实,就是产业结构从第一产业向第二产业、再向第三产业的转移,但不论是相对于一个国家,还是一个地区来说,第一、第二、第三产业所包含的内容可以说是无限广阔。上述理论可以说明,我们应该发展第二产业,更应该发展第三产业。显然,第二、第三产业不是空中楼阁,对一个国家特别是一个大国来说,第二产业的发展要以第一产业为基础,第三产业的发展要以第二产业为基础,那么,第一产业中的农、林、牧、渔,哪一个才是基础呢?第二产业包括的内容更多,哪些是基础呢?相对于一个小国或一个地区来说,在产业发展的选择上就更困难了。

第二,第二产业,也就是生产资料生产优先发展并非没有问题。马克思在分析了两大部类之间相互依存、相互促进的关系的同时,首先提出了生产资料生产优先增长的规律。他指出:"随着资本主义生产的发展,投在机器和原料上的资本部分在增加,花在工资上的资本部分在减少,这是不容争辩的事实。""随着机器体系的每一次进步,由机器、原料等构成的不变资本部分不断增加,而用于劳动力的可变资本部分则不断减少。"在一般情况下,这是正常的,也是正确的。因为生产资料作为人的体力和脑力的延伸,为了节省人的体力、减轻人的压力,从一开始就着重研究生产工具和以生产工具为代表的生产资料,这必然造成对生产资料的投入优先和较快增长。事实上,生产资料的优先增长本身也并不是什么坏事。但如果生产资料的生产独立增长,就出现问题了。一是脱离了生产和增长的目的,不能减轻人的工作压力和工作负担。其本身是为了节约劳动的一系列技术革新和发明,实际上并没有使广大劳动者节约劳动,至少没有像最初想象的那样(初始目的)节约劳动。二是工人(劳动者)工资不能随着劳动生产率的提高而提高,导致消费资料的生产落后,最终形成社会畸形发展,也造成了工业化悖论。

第三,杨小凯的分工理论能够解释全球现代服务业产生的原因,但不能完全说明,更不能很好地指导一个地区在地区分工基础上现代服务业的发展。比如像新加坡和我国的香港地区有着独特的产业结构,这显然不是学习的结果,而是参与国际分工的必然。

三、产业结构优化的含义

产业结构的优化包括三个层次的内容,即产业结构的合理化、高级化和优化。

(一)产业结构的合理化

学术界对产业结构的合理化存在着各种不同的定义,体现了不同学者对产业结构合理化的不同研究角度。归纳起来,大致有四类。一是结构协调论,认为产业结构合理化就是通过产业结构调整,使各产业实现协调发展并满足社会不断增长的需求的过程,是"一个经济主体(国家或者地区)按照一定的产业分类方法划分的各产业之间,在产业产值数量、产业所占资源比例(自然资源、人力、资金)、产业地位等方面的配置状况,以及各产业构成的整个产业系统,应该符合该经济主体在一定期间内的发展目标,并保持提高生产效率、促进经济增长、提高资源使用效率和增加国民福利等"。这种观点把产业间协调置于产业结构合理化的中心位置,体现了"协调即合理,合理即协调"的理念。二是结构功能论,即把产业结构合理化定义为"各产业间存在着较高的聚合质量",是能取得较好的结构效益的产业结构优化过程。该类定义重视产业结构的功能,并以结构功能的强弱为出发点考察产业结构合理化。三是结构动态均衡论,把产业结构合理化定义为"产业与产业之间协商能力的加强和关联水平的提高,它是一个动态的过程"。产业结构合理化就是要促进产业结构的动态均衡和产业素质的提高,这种认识重视产业素质与结构的均衡性,并从动态的角度考察产业结构合理化。四是资源配置论。史忠良等人把产业结构合理化定义为"在一定的经济发展的阶段上,根据消费需求和资源条件,理顺结构,使资源在产业间合理配置,有效利用"。

实际上，结构，即一种比例关系。产业结构，就是构成国民经济的各产业之间、各产业内部甚至各种产品所包含的一种比例关系。只是这种比例关系，不仅仅是产值数量之比，也包含资源消耗、技术构成等内容。

以此为基础来分析产业结构合理化的定义。首先看什么是合理。合理即应该、合乎规律、合乎公理，也即合乎事物正常发展的需要。产业结构合理，就是构成产业结构的各种比例关系合乎产品、产业乃至整个国民经济正常、持续发展的需要。

从历史发展来看，判断产业结构是否合理的标准随着经济的发展呈现出多种变化趋势：一是由单元向多元化发展，二是由绝对标准朝着相对标准进化，三是由封闭型朝着开放型方向发展。20世纪中期之前，西方国家判断产业结构是否合理的标准只有一个，这就是是否有利于效率的提高。但20世纪中后期，随着发展经济学的出现，判断标准从单一的唯效率标准论变为效率、公平二元标准论。进入21世纪，由于人类经济的发展，对能源的大量消耗和对环境的日益破坏，人们生活水平的提高要求改善生活环境，经济效率的标准化也呈现多元化，这一变化趋势深刻地影响到了产业结构合理化的标准。具体表现在，在原来公平与效率的标准的基础上注重资源的利用效率、对环境的破坏程度、人们生活的幸福指数等。合理化标准的绝对性是指在产业发展的过程中标准（包括标准的数值与标准本身作为一个标准内容之一）是一个常量，不随经济的发展而变化，如不变的资本收益率。相对性则是标准会随着产业发展而变化，标准的数值和标准的数量都会发生变化，如公平由原来的非标准变成了衡量标准之一。标准的相对性还包括在同一期间，不同的经济体判断结构是否合理的标准的内容不同，或者即使相同而衡量时使用的数值却不同，如2007年美国的人均生产率和中国的人均生产率水平就不可能相同。随着经济一体化的程度加深，产业结构的合理化标准由原来的封闭型向开放型方向发展。包括中国在内的许多发展中国家，由封闭型经济朝开放型经济发展，导致产品、资源以及各种生产要素在全球范围内流动，判断一个经济体的产业结构是否合理必须将该经济体放入全球经济环境中考虑。例如，统计中国第一产业产品的需求我们必须考虑国外对中国产品的需求，即中国出口产品中第一产业产品的出口量。

如果说上述这些标准包含了一些社会判断的话，那么，从纯经济的角度来讲，判断一个国家或地区产业结构合理与否的标准可以有以下几个：一是消费结构，即消费的需求结构。随着经济的发展、收入的增加，消费结构的提升会带动产业结构和其他经济结构的不断升级，促进经济发展。因此，追根溯源，产业结构调整和经济结构的变动起因于消费结构的变动。不过，并不是说所有的消费会体现在产业上。由于消费是多种多样的，特别是在全球经济一体化的条件下，个人或一个地区甚至一个国家的消费并不完全取决于其自身的生产，因此，对于一个国家或地区来说，产业结构可能比消费结构要简单得多，但无论如何，产业结构都必须体现消费结构的要求。二是资源结构，即由资源存量所决定的供给结构。这里的资源包括物质资源（如矿产、土地、土壤、气候等）和人力资源。一般认为的"靠山吃山、靠水吃水"中的"山""水"主要是自然资源，但实际上，这仅仅是处于初级阶段的经济所存在的情况,经济发展到一定阶段之后,人力资源就会起决定作用。三是战略需求,即实现可持续发展所要求的产业结构。这是与人力资源结构密切相关的,但又与人力资源结构有所区别的因素,是在总结国内外发展的历史经验的基础上得出的必然结论。

(二)产业结构的高级化

所谓产业结构的高级化,又称产业结构升级,是指产业结构系统从较低级形式向较高级形式的转化过程。其主要包括五个方面的内容:一是随着经济的发展,整个产业结构由第一产业占优势比重,逐渐向第二、第三产业占优势比重演进;二是产业结构中由劳动密集型特别是初级劳动密集型产业占优势比重,逐渐向资本密集型、技术密集型占优势比重演进;三是产业结构中由制造初级产品的产业占优势比重,逐步向制造中间产品、最终产品产业占优势比重演进;四是产业结构中信息化的内容占到绝对比例;五是产业结构中,产品内部各工作程序、工作环节分工之中,知识技术含量和附加值占到优势比重。

常常有人把产品结构的变化当作产业结构升级,认为从生产衣服、鞋子到生产彩电、空调,再到生产汽车、电脑和手机,这就是产业结构升级。然而,随着产品内分工的发展,低技术产品生产链中有高技术的生产环节,而高技术产品生产链中也有低技术的生产环节。在产品全球化生产的时代,判断一个国家产业结构级别高低的尺度不再是产品,而是工作,是从业者的工作中知识技术含量和附加值的高低。尽管我国生产的产品结构有了很大改变,但各个产业所做的工作依然是低知识技术含量和低附加值的。产品的先进性不是源于在我国的工作,而是源于进口的高技术的设备、材料和零部件,源于在国外的生产流程,产品的主要价值也没有归属于我国,而是归属于全球产业链中的外国企业。所以,在国内工作低级化的状态下,我国的产业结构很难谈得上升级。

20世纪90年代以来,国际分工已经从产业间分工(Inter-industry Specialization)、产业内分工(Intra-industry Specialization)转变为产品内分工(Intra-product Specialization)。所谓产品内分工是指特定产品的生产过程中不同工序或区段在空间上分布到不同国家和经济体进行,每个国家和经济体在产品生产的特定环节进行专业化生产的一种国际分工。产品内分工对象是工序、区段和环节,是同一产品的不同生产阶段在特定环节之间进行生产的一种国际经济现象。产品内分工是跨区或跨国性的生产链条或生产体系,从而使越来越多的国家和企业参与到特定产品生产过程不同环节或区段的生产或供应活动中。

新型国际分工的出现,标志着21世纪的国际分工进入新阶段。在产品内分工视角下,我国经济发展战略应在实现产业升级的基础上,重点推进生产环节升级,进而实现以产业升级到生产环节升级的转变。为此,要专注于积累知识存量,重视高级要素即技术、优秀人才的培育;通过加大教育投资、技能培训等形式提升现有优势要素的品质。

产业结构合理化和产业结构高级化不是相互孤立、独立进行的,而是紧密联系、相互渗透的。随着技术进步的产业结构高级化会促进产业结构的合理化,产业结构的合理化为技术创新创造条件,有利于产业结构的高级化。

(三)产业结构优化

一般认为,产业结构优化应包括两个层次,第一个层次是产业结构的合理化,也就是各产业内部良性循环、区域内各产业之间良性循环以及与区域外经济、社会良性互动。这意味着区域内外产业是相互联系、相互依赖的,但又是立足于自身、面向世界的。第二个层次是产业结构的高级化,也就是在产业结构合理的基础上,产业结构能充分发挥当地优势,能反映和引领产业结构变动的趋势,能实现当地乃至更大区域经济社会的可持续发展。

不过,产业结构优化的问题在不同的国家、不同的条件下应该有不同的具体解释。首先,从国家层次看,大国和小国不同。大国地理面积大,人口多,资源相对丰富,可以发展多样的、内部联系密切并可以形成良性循环的产业结构,而小国由于太小,特别是资源不够丰富,就不可能形成"小而全"的产业结构。特别是在全球经济一体化的条件下,由于国际分工和比较优势不同,只能发挥自身优势,形成具有本国特色的产业结构,参加国际大循环。其次,对于一个国家的一个地区来说,情况更是如此。比如中国的民族地区,没有条件也没有必要进行自我循环,完全可以按照地区产业分工,结合自身优势,形成有民族特色的、合理的产业结构。最后,从国际视角看,产品内分工的出现和实现是比较困难的,因为存在贸易和技术壁垒。但对于一个国家的不同地区之间,则不存在这样的壁垒,尤其是我国,整体意识、国家意识高于一切,"全国一盘棋"的思想根深蒂固,除了客观的技术因素,基本上不存在制度障碍,发展产品内分工就容易得多。

第二节 产业结构优化的指导原则

不论是就一个国家,还是就某一地区来说,产业结构的变动及其优化都应该遵循以下三个原则。

一、因地制宜原则

所谓因地制宜就是要根据当地的具体情况,制定或采取适当的措施。在利用和解读这一原则时应注意几个问题:一是不要搞"一刀切",见样学样,机械地照搬发达国家或地区的产业结构,别人生产什么,我们就生产什么。二是不要搞"小而全""大而全"。要从以人为本和可持续发展出发，突出地方特色，体现当地的资源优势。三是不要把因地制宜简单解读为发挥地方优势。优势是要发挥的，但地方有什么优势？发挥什么优势？如何发挥？什么时候发挥？则是需要认真探讨的。

在运用因地制宜原则时还要注意，因地制宜中的"地"有大小之分，在当前全球化的大背景下，一定要利用好系统观点，把小地方（当地）放在大环境中考虑，不能只顾局部而忽视了整体。

二、以人为本原则

以人为本是中国社会一贯的指导思想。早在春秋时期，齐国名相管仲就提出："夫霸王之所始也，以人为本。本理则国固，本乱则国危。"

"坚持以人为本"，是在党的十六届三中全会的会议中提出的一个新要求。"坚持以人为本，树立全面、协调、可持续的发展观，促进经济社会和人的全面发展。"这一新论断，深刻阐明了中国共产党新发展观的本质特征是对马克思主义的全面发展理论的继承、丰富和发展。

"以人为本"思想是我党借鉴历史和国际的经验教训，针对当前我国发展中存在的突出问题和实际工作中存在的一种片面的、不科学的发展观而提出来的，是科学发展观的有机组成部分。所谓片面的、不科学的发展观，即认为发展就是经济的快速运行，就是国内生产总值（GDP）的高速增长，它忽视甚至损害人民群众的需要和利益。科学发展观并不否认经济发展、GDP 增长，它所强调的是，经济发展、GDP 增长，归根到底都是为了满足广大人民群众的物质文化需要，保证人的全面发展。人是发展的根本目的。提出"以人为本"的科学发展观，目的是以人的发展统领经济、社会发展，使经济、社会发展的结果与党的性质和宗旨相一致，使发展的结果与发展的目标相统一。不能把"以人为本"解读成以个别人为本、以部分人为本、以当权者为本、以既得利益者为本。正如胡锦涛同志所说，坚持以人为本，就是要以实现人的全面发展为目标，从人民群众的根本利益出发谋发展、促发展，不断满足人民群众日益增长的物质文化需要，切实保障人民群众的经济、政治和文化权益，让发展的成果惠及全体人民。新发展观明确把"以人为本"作为发展的最高价值取向，就是要尊重人、理解人、关心人，就是要把不断满足人的全面需求、促进人的全面发展，作为发展的根本出发点。人类生活的世界是由自然、人、社会三个部分构成的，"以人为本"的新发展观，从根本上说就是要寻求人与自然、人与社会、人与人之间关系的总体性和谐发展。

自然是人类生存的环境，也是人类赖以生存的基础。人不能征服自然，只能在尊重和认识的基础上利用自然。同时，人是社会性动物，这意味着人不是单个的"存在物"，而是由"我、你、他"相互作用组成的社会。既然是社会，就有一个公平问题、一个协调问题，不能顾此失彼，顾眼前而失长远。这就要求我们把人的全面、协调发展放在第一位，尊重知识、尊重人才、尊重劳动、尊重创造,全面提高人的综合素质,提高人的教育水平、文化品位、精神追求和道德修养。

三、可持续发展原则

"可持续发展"(Sustainable Development)的概念最早于1972年在斯德哥尔摩举行的联合国人类环境研讨会上正式提出,在《联合国人类环境会议宣言》中以"合乎环境要求的发展""无破坏的发展""连续的和可持续的发展"等概念出现。1980年,世界自然保护同盟和世界野生动物基金会等组织联合出版了一份《世界自然保护大纲》,首次简要地提出"可持续发展",引起了国际社会的关注和重视。

1994年9月,在埃及首都开罗召开国际人口与发展大会,将可持续发展列为中心议题,会议通过了《关于国际人口与发展的行动纲领》,就"可持续发展问题的中心是人"达成了共识。

1995年3月,在丹麦首都哥本哈根举行的国际社会发展首脑会议上,各国政府首脑又从社会发展的角度再次开展可持续发展的大讨论,将可持续发展的领域由原来的经济、人口、资源、环境扩展到社会发展并视为整个社会的系统工程。

从自然属性看,可持续发展就是生态可持续性,是不超越环境系统更新能力的发展,是寻求一种最佳的生态系统以支持生态的完整性和人类愿望的实现,使人类的生存环境得以持续。

从社会属性方面看,可持续发展的最终落脚点是人类社会,即改善人类的生活品质,创造美好的生活环境。

从经济属性看,可持续发展是不降低环境质量和不破坏世界自然资源基础的经济发展。

从科技属性方面定义,"可持续发展就是转向更清洁、更有效的技术——尽可能接近'零排放'或'密闭式'工艺方法——尽可能减少能源和其他自然资源的消耗"。

前挪威首相布伦特兰夫人(Gro Harlem Brundtland)及其所主持的由21个国家的环境与发展问题著名专家组成的联合国世界环境与发展委员会(World Commission on Environment and Development),在其长篇调查报告《我们共同的未来》(*Our Common Future*)中,提出的可持续发展定义是:"满足当代人的需求,又不损害子孙后代满足其需求能力的发展。"这一定义体现了可持续发展的公平性、共同性和持续性等原则。就其社会观而言,主张公平分配,以满足当代和后代全体人民的基本需求;就其经济观而言,主张人类与自然和谐相处。这些观念是对传统发展模式的挑战,是为谋求新的发展模式和消费模式而建立的新发展观。

目前来看,国际社会对可持续发展理论的研究从三个方面展开。在生态学方向上,其焦点是力图把"生态环境保护与经济发展之间取得合理的平衡"作为衡量可持续发展的重要指标和基本手段。在经济学方向上，可持续发展的经济是社会可持续发展的物质基础。传统的"经济增长"（指国民生产总值GNP、国内生产总值GDP的增长）概念已被"经济可持续发展"的概念所取代，后者不仅包括经济增长的内容，还涉及社会经济结构的进化、经济体制和组织的优化以及整个社会经济水平的发展等方面的问题，从而摒弃了片面追求经济产值和经济增长速度的传统模式，强调以自然资源的永续利用和生态环境的良性循环为基础、同环境承载力相协调的可持续经济发展。该方向以经济可持续发展为研究对象，以区域开发、生产力布局、经济结构优化、资源供需平衡等区域可持续发展中的经济学问题作为基本研究内容，其焦点是力图把"科技进步贡献率抵消或克服投资的边际效益递减率"为衡量可持续发展的重要指标和基本手段，体现了科学技术作为第一生产力对实现可持续发展的革命性作用。在社会学方向上，研究建立可持续发展的社会是人类社会发展的终极目标。该方向以社会可持续发展为研究对象，以人口增长与人口控制、消除贫困、社会发展、社会分配、利益均衡、科技进步等可持续发展中的社会学问题作为基本研究内容，其焦点是力图把"经济效益与社会公正取得合理的平衡"作为衡量可持续发展的重要指标和基本手段，这也是可持续发展所追求的社会目标和伦理规则。

因地制宜、以人为本和可持续发展这三个原则是三位一体的，构成一个统一的整体。也就是说，经济发展要从当地实际出发，统筹考虑当前与长远、局部与整体之间的关系，最终实现社会、经济、自然的可持续发展。

第三节 影响和决定产业结构变动的因素

一、影响和决定产业结构变动的一般因素

（一）封闭与开放条件下影响产业结构的因素

根据产业结构变迁理论，在一个封闭的经济体中产业结构变动的影响因素主要有以下三个方面：一是供给因素，如自然条件、资源禀赋、人口、技术、资本形成等；二是需求因素，如消费需求、投资需求等；三是产业政策、市场体系等。

在一个开放的经济体中影响产业结构变动的因素，除了以上三个方面外，还包括国际贸易与国际投资因素。在开放条件下，社会分工打破了国界，促进了国际贸易的发展和国际资本的跨国流动。国际贸易一方面是通过本国产品出口刺激，另一方面是通过进口增长改善国内供给从而影响本国的产业结构。国际投资无论是作为一国产业资本形

成的直接外部来源,还是伴之而来的技术溢出效应,都会对东道国的产业结构变动产生影响。

（二）专业化分工对产业结构变动的影响

杨格(A.Young,1928)认为,专业化分工是经济增长的源泉,经济发展表现为分工自我繁殖、自我演进的过程。专业化分工的不断深化过程实际上就是一种产业结构不断调整的过程。为了提高劳动生产率,专业化分工越来越细,细分出来的专业部门逐渐发展壮大,形成新的产业,改变了原有的产业结构,在这一过程中经济发展得到促进。

（三）信息化对产业结构变动的影响

1. 信息化的概念

1997年召开的首届全国信息化工作会议,对信息化和国家信息化定义为:信息化是指培育、发展以智能化工具为代表的新的生产力并使之造福于社会的历史过程。其中,智能化工具又称信息化的生产工具,它一般必须具备信息获取、信息传递、信息处理、信息再生、信息利用的功能。智能化生产工具与过去生产力中的生产工具不一样的是,它不是一个孤立分散的东西,而是一个具有庞大规模的、自上而下的、有组织的信息网络体系。这种网络性生产工具将改变人们的生产方式、工作方式、学习方式、交往方式、生活方式、思维方式等,将使人类社会发生极其深刻的变化。根据最新公布的2006—2020年国家信息化发展战略,信息化是充分利用信息技术,开发利用信息资源,促进信息交流和知识共享,提高经济增长质量,推动经济社会发展转型的历史进程。信息化代表了一种信息技术被高度应用,信息资源被高度共享,从而使人的智能潜力以及社会物质资源潜力被充分发挥,个人行为、组织决策和社会运行趋于合理化的理想状态。同时信息化也是IT产业发展与IT在社会经济各部门扩散的基础之上,不断运用IT改造传统的经济、社会结构,从而通往如前所述的理想状态的一个持续的过程。

从信息化的实践看,信息化的作用广泛涉及提高技术水平、扩大经济活动范围、降低成本、提高效率和推动制度创新等诸多方面,信息化带动工业化具有全面性和全过程性。首先,信息产业发展本身就是信息化带动工业化的内容。产业结构的高级化过程,本身就是新兴产业发展的过程。信息产业的发展和在经济结构中比重的提高,就是产业结构升级。其次,信息产业发展还能带动其他相关高新技术产业(如激光、超导、新材料、新能源等)发展,还在相当程度上推动了机器制造、仪器仪表、生物技术、海洋技术和空间技术的发展。再次,信息化不仅仅是一项专门的产业,它具有渗透性,它的发展能推动整个传统产业的信息化,即促使信息设备、信息服务深入农业、工业和服务业内部,从而通过改进其生产方式、管理方式甚至是组织方式而改变经济的整体素质。20世纪末,发达国家传统产业通过智能化、数字化、网络化等信息技术改造,实现了生产的机械化、自动化和智能化,使生产能对不断变化的市场需求迅速做出响应,提高了产业技术水平。最后,信息技术能够提高技术创新能力。计算机网络技术的应用,可在最大范围内配置和整合技术创新资源,提高技术创新能力。正因为它具有这样的特征,所以,信息化水平的提高有利于推进我国整体产业结构的优化,从而使经济增长方式发生改变。

正因为信息化具有如上特征,加快信息化建设成为实现我国产业结构高级化的关键。

2. 信息化是实现我国产业结构优化的关键

信息革命是人类迄今为止最深刻的一次技术革命。这场技术革命对各国产业结构升级优化产生了深远的影响,必将使各国产业结构发生根本性的变化。这突出表现在两个方面:一是产业类型从劳动力密集型转变为知识、信息密集型;二是随着信息化的深入,信息产业不仅成为主导产业,而且信息技术也促进了传统产业的信息化和高技术化,使其不断地优化升级。

信息产业的形成是信息化发展到一定程度的产物,即信息产业化。信息化推动产业结构升级,就是建立在信息技术及其产业基础之上,利用信息技术这一目前世界最为先进适用的技术,通过信息产业化、产业信息化的过程,来全面推动产业结构的升级优化。

信息产业化首先是指信息技术的产业化。这是信息技术转化为生产力的过程。它会使第二产业中出现许许多多的产业和产业群,为传统产业的改造和第三产业的发展提供高新技术的支持。产业信息化是指在传统产业的生产、管理、设计等各个环节广泛应用信息技术的过程,也是通过采用信息技术和开发信息资源而提高劳动生产率的过程。全方位、多层次地推广、应用电子信息技术来改造传统产业,如铁路运输业、冶金工业、建材工业、轻纺工业、电子工业、商业、农业等,一方面,可使这些产业降低消耗,提高水平,增加效益;另一方面,还通过传统产业的信息化来促进和推动信息产业自身加快发展步伐,从而使信息产业在整个国民经济的发展中居于主导地位,早日实现社会经济的信息化。

3. 新型工业化是我国工业化的必然选择

"发展现代产业体系,大力推进信息化与工业化融合,促进工业由大变强"是党的十七大对我国加快转变经济发展方式,坚持走新型工业化道路所提出的重大战略举措。大力推进信息化与工业化融合,是贯彻实践科学发展观,加快产业结构优化升级的发展需要。

所谓信息化与工业化融合,就是在工业研发、生产、流通、经营等领域广泛利用信息设备、信息产品、信息技术,推进设计研发数字化、制造装备智能化、生产过程自动化和经营管理网络化,不断提高生产效率、改善生产工艺、优化产业结构,促进产业信息化水平普遍提高的过程。从内在关系看,工业化与信息化相互融合、相互促进、密不可分。其一,工业化是信息化的源泉和基础,工业化发展到一定阶段将直接导致信息化的产生,并且为信息化发展创造物资、能源、资金、人才、市场等基础条件。其二,信息化是工业化的引擎和动力,通过引导工业化发展方向、提升工业化发展速度和工业化发展水平,使现代工业朝高附加值方向发展,并为工业化的再发展创造广阔需求空间。其三,工业化和信息化相互融合,既为信息化提供坚实的物质基础,又推动了工业化向纵深发展,更重要的是在融合发展的过程中,培育催生了一批新兴产业和新型业态,促进了经济发展方式的转变和整个社会的经济转型。

根据经济发展的正常顺序和先发工业化国家的历史经验,产业结构的高级化和信息化应在工业化的基础上发展。但由于高新技术的渗透和外溢日益显著,全球产业结构调整加速,我国部分制造产业因其明显竞争优势而成为世界主要生产基地,加上资源稀缺和保护生态的压力日益增强,我国完全有理由而且也必须提前启动信息化,高起点地推进工业化,以信息技术对既有产业格局的渗透和整合来完成工业化目标,在产业结构高级化过程中走跨越式发展的新型工业化道路。这一方面发挥了后发优势,另一方面实现了工业化和信息化的良性互动。例如,信息化通过改造传统产业、催生新兴产业、促进产业融合和提高组织管理效率与投资回报率等方式,提升产业竞争力,为产业结构高级化的跨越式发展提供了现实动力。

（四）循环经济对产业结构变动的影响

循环经济(cyclic economy)即物质闭环流动型经济,是指在人、自然资源和科学技术的大系统内,在资源、投入、企业生产、产品消费及其废弃的全过程中,把传统的依赖资源消耗的线性增长的经济,转变为依靠生态型资源循环来发展的经济。人类对循环经济理论的研究已经进入了一个全新的阶段——新循环经济学阶段,国际循环经济理念实现了从3R向5R转变,即减量化(reduce)、再利用(reuse)、再循环(recycle)、再思考(rethink)和再修复(repair)。这五个原则体现了循环经济的内涵,对产业结构调整提出了时代的要求,一是要按照环保标准和绿色标准调整产业结构。产业结构生态化是发展循环经济对产业结构优化的新要求,是参考自然生态系统的有机构成和循环原理,在不同产业之间构建类似于自然生态系统的相互依存的产业生态体系,以达到资源充分循环利用,减少废物、污染的产生,消除对环境的破坏,逐步将整个产业结构对环境的负外部效益降到最低。二是产业结构调整应以提高生态效率为目标,实现产业结构高度化。产业结构高度化不仅要依据传统的产业结构演进规律使产业结构由低到高不断发展,而且根据循环经济的基本原则,产业结构高度化更需要提高资源利用效率高的产业比重,逐步减少或淘汰资源浪费严重、资源再利用率低的产业。三是产业结构调整要注重生态效用的提高,减少大多数人不需要的产业生产链条。四是发展非自然资源依赖型产业,形成新的经济增长点。

（五）技术进步对产业结构变动的影响

首先介绍美国技术进步对产业结构变化的影响。美国企业特别重视新技术的应用,强调开发新产品。美国把研究与开发视为企业生存竞争的主要依靠,投资重点放在新产品的开发、设备革新、工艺水平的提高上,而不是放在扩建厂房和扩大生产规模上。据美国经济学家估算,美国生产率的提高,其中4/5是靠革新技术与提高技术熟练程度达到的,只有 1/5 是靠追加生产规模投资实现的。从 1960 年至 1986 年,美国制造业年均生产率提高 2.8%,1986 年生产率提高了 3.5%,超过英国 2.9%、日本 2.8%,及联邦德国和法国 1.9%。在研究与开发投入方面,信息技术的投入占了最大的份额。1994—1998 年,美国全部的 R&D 投入(调整后的价格)平均每年上升了 6%,而 1989—1999 年,这一增长率只有 0.3% 左右。在整个 20 世纪 90 年代,美国的 R&D 的投入几乎全部来自私人部门,1995—1998 年,信息技术行业的投资占私人部门投资的 37%。信息产业的投资增长及产出增长快速提高,使美国的投资结构由原来以汽车、化工及航空等传统产业为主导,转为以信息产业为主导。

技术进步是决定产业结构演进与变革的直接动力。首先,技术进步可以发现新的可替代资源,创造新的可替代产品,诱发新的需求,从而刺激需求结构变化,对产业结构演进产生诱导力量。例如,技术进步促使产品成本下降、资源消耗弹性下降和消费品升级换代,改变了生产需求结构和消费需求结构。其次,在技术创新和技术扩散的基础上形成的新兴产业的发育与成长,推动原有产业的分化,改变产业结构。例如,技术进步推进社会生产率提高、新兴产业出现和产业部门收益变化,直接导致产业结构分工深化和产业结构高级化。再次,在技术进步条件下,各产业资本存量的更新不仅是在原有技术基础上进行的,而且在更新过程中还包括知识和技术的补充,使原有的资本存量通过更新增强技术能力,提高生产效率,增加产出,促进产业结构变革。最后,技术进步通过产业关联使一些产业扩张、另一些产业缩小,促进产业结构变革。

产业结构高级化的本质是技术的集约化。在我国处于工业化中期的技术水平的条件下,只有将技术创新引入新的生产函数,并通过对其他部门增长有直接和间接影响的主导部门的更迭,才能推动产业结构向高级化方向演进。高新技术创新及其产业化将不断为产业结构优化与升级提供基础动力。一方面,发达国家掌握着科技源和科技垄断权,利用全球多层网络和技术转移,企图左右发展中国家的产业分工结构;另一方面,发展中国家可以利用知识的共享性和溢出效应,通过知识的社会化和知识共享形成的经济增长网络体系,建立科技知识共享为基础的转化、应用和扩散体系,同时,选准主攻方向,集中力量实现高技术领域中关键技术自主研发能力的突破,进而实现产业结构优化与升级,在高新技术创新中推进产业结构高级化。

(六)政府政策对产业结构变动的影响

政府政策对一个国家或地区的产业结构有着无可比拟的影响,这不仅在中国,在世界任何国家都是如此。在中国这样的经济没有完全市场化的国家,各级政府的政策对当地经济和产业结构的影响和决定作用就更加明显。这种影响不仅仅通过其产业政策表现出来,而且各项财政投资政策、信贷政策、政府采购政策,甚至消费政策等都会产生巨大影响。当然,各国政府政策对其产业结构的影响的具体方式会随着其体制的不同而有所不同。以下介绍美国、日本、韩国的情况。

1. 美国政府政策对产业结构的影响

20世纪90年代，美国经济增长的一个突出特点就是劳动生产率增幅较大，产品的国际竞争力明显增强，美国经济由此走上了集约型增长的道路。1990—1994年，美国制造业劳动生产率平均每年递增2.8%左右，是20世纪70年代以来的最高水平。1996年美国制造业劳动生产率比上一年增长3.9%，居发达国家前列。美国服务业的领先地位更加突出，如美国商业零售业效率是日本的两倍，电信业效率是日本的两倍。在美国劳动生产率较快提高的同时，其单位劳动成本在20世纪90年代增长缓慢，近年来甚至出现下降趋势。若1990年美国单位劳动成本为100，则1993—1996年其单位成本分别为103.6、103.4、103.1和103.1。集约型经济增长的主要原因有以下三点：

一是重视科技进步。美国政府认为，经济的竞争归根到底是科技的竞争，因而把发展科技放在首要地位。为此，美国成立了由总统和副总统亲自领导的国家科学技术委员会，并增加研究与开发的投入，其数额相当于日本、德国和法国三国研究与开发投入的总和。二是优化资源配置，通过外部兼并和内部结构调整，实现规模经营。三是重视教育事业，提高劳动力素质。美国政府教育支出占GDP的比重在"二战"后一直保持着6%~7%的高水平。通过大力发展教育，美国培养了大批技术人才和管理人才，提高了企业的生产技术及管理水平，推动了美国经济优质、高效的发展。

回顾美国的经济和产业发展史，虽然美国是典型的市场经济国家，但各届总统的经济政策对产业结构的调整起了巨大的作用，尤其是20世纪80年代以来的总统经济政策起的作用更大。如1983年，里根总统成立了工业竞争力总统委员会，开始了向信息产业的进入。1985年该委员会提出一份题为"全球竞争：新的现实"的报告，拉开了产业结构调整的序幕，这为20世纪90年代信息产业的迅速发展打下了基础。1991年，布什总统向美国国会提交了《国家的关键技术》报告，对美国在20世纪90年代的信息技术发展提出了总要求，成为美国保持全球技术领先地位的重要指南。1992年，在美国总统竞选期间，克林顿的施政纲领之一就是"建立信息高速公路，振兴美国经济"。1993年1月，刚刚入主白宫的美国总统克林顿发表了题为"促进美国经济增长的技术——增强经济实力的新方向"的报告，全面阐述了技术对于保障国家安全、促进经济繁荣和改善人民福利的重要意义，并着力推进促进技术产业化的重大计划——美国先进技术计划（ATP计划）。1993年11月，克林顿又成立了国家科技委员会并担任主席，颁布《国家信息基础设施行动计划》（简称NII计划），提出用20年投资4000亿~5000亿美元，建立由通信网络、计算机、数据库，以及电子产品组成的网络，为用户提供大量、统一标准的信息服务。

从农业方面来看，美国政府虽然历来标榜其实行自由市场经济制度，但对农业却一直实行高度干预政策。美国政府对农业的干预政策主要包括以下几个方面：一是农产品计划政策，美国政府通过制订一年一度的农产品计划（生产与产量计划），以与农场主签订合同的方式来执行农产品价格与收入支持政策。二是降低农业生产成本的政策，包括大力发展农业地区基础设施，推动农业科研事业、技术的发展和普及，政府通过资助信贷机构、提供保证贷款和保险贷款,甚至直接贷款对农业实施信贷支持政策,实施农作物保险及灾害援助政策、较低的农业税收政策。三是实行限制生产的政策,即限耕、限售和休耕。政府为参加这些计划的农场主提供补贴。四是扩大需求的政策即通过提供出口补贴和短期出口信贷保证鼓励私人拥有的农产品进入世界市场;通过对某些农产品的进口实行严格的限制以保护本国农场主利益,通过实行援助低收入消费者的食品计划扩大内需。其中最庞大的是食品券计划,即向低收入者发放只能购买食品的食品券。农产品信贷公司收购的农产品中也有一部分直接免费分配给了城市贫民和失业者。政府还补贴学校的午餐,向学校赠送多种食品。

2. 日本政府政策对产业结构的影响

日本是世界上最早致力于产业政策制定与产业结构设计的国家。第二次世界大战结束以后,日本迅速成为世界发达国家,尽管其中有很多条件,但与日本产业结构调整的成功是分不开的。日本产业结构调整的突出特点就是根据经济发展的目标和市场需求,制定相应的产业政策,从而促进经济的发展。日本的产业政策可以分为产业结构政策和产业组织政策。产业结构政策对产业结构调整的成功起到了关键性的作用;产业组织政策则是整个产业政策实施的重要保障。

日本政府的做法:第一,合理选择、适时调整主导产业,给予政策扶持。第二,根据产业发展规律确定调整产业结构的方向。尽管一些产业当时并非日本的优势产业,但由于有良好的发展前途,日本政府就采取了全力扶植的办法,一方面对这些弱小产业进行保护;另一方面,鼓励这些产业走上出口导向的发展路径。第三,通过技术进步促进产业结构演变。日本提出了新商品、新工艺、新工厂的良性循环,设想通过从美国和西欧购买大量技术和设备,对国外先进技术进行引进—吸收—改造,倡导"技术立国",短期内实现了重工业化。第四,依靠市场机制,加强政府引导。日本政府的宏观调控采用适度和间接诱导的方式,即制定的产业政策只是为国民经济各行业的发展指明一个大方向。为达到产业政策的目的,日本政府通过税收、信贷等手段鼓励相关产业的发展,并通过召开恳谈会等形式进行沟通和协调,说服相关产业与其合作。

3. 韩国政府政策对产业结构的影响

韩国的产业结构调整比日本稍晚一些,韩国政府在1962年、1967年和1980年分别提出了"重点发展轻工业""重化工业化""产业结构高级化"等政策目标。这些政策对韩国产业结构转换起到了重要的协调和促进作用。韩国的经济很大程度上受到日本的影响,许多产业政策与日本的相似,但是,由于两国的国情不同,韩国的产业政策也具有自己的特色。一是采取出口导向型的工业化,二是实现产业政策的法律化。为了支持产业结构调整,韩国政府制定了许多经济法规,如《机械工业振兴法》《造船工业振兴法》《电子工业振兴法》等,这些法律法规经国会批准后由总统颁布施行,使得各项活动都有法可依,而且执法极严、奖罚分明。同时,法律、法令、条例、决定随形势的变化而变化,制定若干新法规并及时向全民通告旧法规的修正和废除。

二、影响和决定区域产业结构变动的因素

（一）区域产业结构优化的关键是主导产业选择

如果说前面分析的是一个国家或者说一个相对来说比较大范围的产业结构变动的规律性的话，那么，对于一个地区来说，由于其地理范围有限所决定的各种资源的有限性，其产业结构的形成和决定因素就与全国的有所不同。

一般认为，一个区域的产业结构除了取决于自身的资源禀赋之外，还取决于由国家政策所决定的地区间的产业分工，而一个区域的产业结构的升级速度和是否优化就取决于其主导产业的选择。也就是说，合理的主导产业选择不仅能带动地区经济发展和突破，而且能推动地区产业结构的升级换代，实现产业结构优化。

（二）区域主导产业选择的理论与方法

在产业经济理论史上，许多经济学家通过对区域主导产业选择的广泛研究提出了界定和选择区域主导产业的基准，主要理论有以下几个。

1. 主要部门分析法

主要部门分析法是美国经济学家 W.W. 罗斯托（W.W.Rostow）教授对主导产业研究做出的开创性贡献。罗斯托在 1960 年出版的《经济成长的阶段》一书中把国民经济各产业部门按照在各国经济增长中所做贡献的差异划分为主要增长部门、补充增长部门和派生增长部门三类。在 1998 年出版的《主导部门和起飞》中，他提出了产业扩散效应和主导产业的选择基准。罗斯托认为在经济增长的任何阶段，主导产业部门的迅速发展在整个经济的增长中都起着决定性的作用。因此，要注意选择具有扩散效应（前向联系、后向联系、旁侧效应）的部门作为区域主导产业部门，将主导产业的优势辐射到相关的产业中，借此带动和促进区域经济的全面发展。根据这一观点，确认主导产业的基准主要有两条：一是具有较高的增长率和巨大的规模，二是具有扩散延伸效应，能带动其他部门的经济增长。

2. 筱原两基准理论

筱原两基准理论是日本经济学家筱原三代平所提出的"收入弹性基准"和"生产率上升基准"的简称，也是关于区域主导产业选择最著名的、比较明确地提出了主导产业选择基准的一个理论。

收入弹性基准。它是指在其他条件不变的前提下，某一产品的需求增长率与人均收入增长率之比，即某一产业的产品收入弹性系数＝某一产业的产品需求增长率／人均国民收入增长率。它体现了随着国民收入增加而引起的对各产业最终需求的变化。收入弹性大的产业表明该产业产出需求增长对收入增长敏感程度高，在未来的发展中能够占有较高的市场份额，获得较丰厚的利润，将这样的产业作为主导产业能促进整个产业的

持续、高速的增长。也就是说，当收入弹性系数大于1时，随着人均国民收入的增加，需求量将有更大幅度的上升，而且增长速度较快。所以，一般而言，所选择的区域主导产业应是收入弹性系数大于1的产业。

生产率上升基准。它是指选择生产率上升快、技术水平高的产业部门作为主导产业部门。这一基准反映了主导产业迅速有效地吸收技术水平的特征，优先发展生产率上升快的产业，不仅有利于技术进步，还有利于提高整个经济资源的使用效率。因为生产率上升快的产业其技术进步的速度必定也更快，单位产品的生产成本较低，能够在市场机制的作用下实现各种资源流向该产业，促进该产业的更快发展，从而促进国民经济和国民收入的较快增长。

筱原两基准理论从供需两个方面对区域主导产业的选择加以界定，其内容存在着互补关系，是一个有机的统一体。但它还没有完全反映出区域主导产业的特征，所以日本政府后来又在收入弹性基准和生产率上升基准的基础上增加了诸如创造就业机会基准、防止过度密集基准、丰富劳动的内容基准和对有关产业的关联效果基准等标准以弥补筱原两基准的不足。

3."产业关联度基准"理论

"产业关联度基准"理论是美国发展经济学家艾尔伯特·赫希曼(A.Hirschman)在1958年出版的《经济发展战略》中提出的。所谓关联效应基准是指某一产业的经济活动通过产业互相关联的活动影响其他产业的经济活动，即政府应该选择直接活动部门中联系效应大的产业部门作为主导产业部门，通过前向关联、后向关联和旁侧关联来带动整个经济的发展。

4."比较优势基准"理论

李嘉图的"比较优势基准理论"是在亚当·斯密绝对优势理论的基础上发展起来的。该理论认为，每个国家应集中力量生产那些利益较大的商品，然后通过国际贸易来交换，而不是生产所有的商品。照此理论，则每个国家应充分发展具有比较优势的产业，尤其是那些具有潜力、对国民生产有重大意义且能带动整个产业结构发展的产业，形成一个能够充分发挥本国优势的产业结构。

不过，对这一理论目前存在很多疑义。正如聂建中等人所说，当代的"比较优势战略"理论简单地从人均资本的视角出发，将产业的基本类型划分为劳动密集型和资本密集型两种，并认为落后的中国只能从事前者。其实，以知识技术含量的密集度为标志，产业还可以划分为低知识技术含量产业和高知识技术含量产业。而将两种划分结合起来，对于正确选择产业结构有重要意义。一般而言，高知识技术含量产业是资本密集型的，而劳动密集型产业主要属于低知识技术含量类型。尽管劳动密集型产业也有少量可能具有较高知识技术含量，但在知识技术落后的中国，能自然发展起来并具有自生能力的劳动密集型产业必然是低知识技术含量型。因此，"比较优势战略"学派鼓吹发展劳动密集型产业的实质就是鼓吹发展低知识技术含量的产业。

"比较优势战略"的推行损害了国家的知识技术力,使中国主动滑向国际分工的底端,产业结构趋于低级化。尽管片面发展劳动密集型产业也积累了一些货币资本,但由于知识技术力的缺失,这种单纯的货币资本积累难以转化为产业升级,中国企业被锁定在全球产业链的底端。因而中国应调整经济发展战略,致力于知识技术力量的培育与成长。

比较优势战略理论宣称,产业结构和技术结构的升级是要素禀赋结构变化的内生结果,经济发展的目标在于资本积累,而资本积累的有效性在于按比较优势选择产业。中国劳动力丰富而廉价,应该融入国际分工,全力发展劳动密集型产业,从而快速提升要素禀赋结构,进而有利于产业结构的升级。然而,产业结构升级不完全等于资本密集度的提高,产业升级更意味着知识技术力和产业附加值的上升。一个国家学习、消化、吸收、模仿、改进和创新知识与技术的能力,构成这个国家的知识技术力。显然,知识技术力要以人为本,其核心是人力资源的质量及其组织形态。可是知识技术力只有在知识技术型的生产实践中才能获得,国家一味发展劳动密集型产业,人们都从事缺乏知识技术含量的工作,知识技术力就无从培育,即使能够积累一些货币资本,产业结构也无法自然升级。

5. 周振华三条基准

上海社会科学院周振华博士在其论著《产业政策的经济理论系统分析》中提出了区域主导产业选择的三条基准:增长后劲;短缺替代弹性基准;瓶颈效应基准。该基准以"结构矛盾的缓解来推进整个产业的发展"的战略方针为基本框架,理论的主要依据是:发展中国家更多的是有效供给不足而不是有效需求不足;发展中国家所面临的经济问题更多的是结构矛盾而不是总量矛盾;发展中国家经济发展的关键是瓶颈的制约而不是笼统的资源制约。

(三)区域主导产业选择应注意的几个问题

区域主导产业的选择有其自身的特殊性,这些特殊性决定了区域主导产业的选择标准不能照搬整个国家范围内主导产业的选择标准。首先区域产业结构具有非独立完整性。基于政治、国防、安全等方面的考虑,国家主导产业的选择必须兼顾带动整个国民经济发展和保持国家产业结构的独立完整两个方面。而区域之间是互相开放、紧密联系的,各区域能够按照各自的资源禀赋及其空间组合的差异来展开专业化分工协作,因此区域产业结构不需要像国家那样追求独立和完整。其次,区域产业结构的演进具有二重性。一方面,随着经济发展水平的提高、市场需求的变化和科学技术的进步,区域产业结构将逐步趋向高级化;另一方面,由于各区域的资源禀赋和经济条件不同,各区域产业结构演进又具有一定的特殊性,区域产业结构可能会出现"逆结构"演进。因此,一个地区选择何种产业为主导产业,不能片面地追求产业结构高度化,而应该充分考虑区域特点,以自身条件为依据,以各产业发展现状为基础选择发展潜力大的产业为主导产业。最后,区域产业结构具有开放性。区域产业结构比国家产业结构具有更大的开放性，国家选择主导产业不必一味强调出口功能，而区域主导产业则应该是面向区外市场的外向型产业。这个区别的重要意义有二：一是区域主导产业选择要以区外市场为导向；二是区域主导产业选择还需要考虑产品是否便于输出。

区域主导产业的选择不仅要考虑各项选择基准的要求，而且还要充分考虑区域主导产业成长所面临的约束条件和各地的具体经济情况。具体地讲包括以下几个方面：一是区域资源状况。一个区域的资源禀赋对该区域主导产业的选择与培育来说是十分重要的，它常常是主导产业选择和培育的基础。在选择和培育主导产业的过程中，必须考虑到现实的资源禀赋状况及其在以后的经济发展过程中的趋势和对主导产业发展的影响程度。二是市场需求状况，即国民经济运行面临的供需状况。由于区域主导产业的特点之一就是具有较高的增长率，需要有较大的市场作为主导产业发展的支撑。所以，在选择主导产业时，不仅要考虑当前的市场需求状况，还要考虑市场需求状况的发展趋势。三是区域科学技术发展水平。主导产业的迅速发展和壮大没有强大的科学技术支持是不可能完成的，若区域科学技术结构不合理、生产技术水平不高，那么主导产业将很难保持较高的增长速度和强大的关联效应。四是资金。从整体上说，我国经济的发展面临较大的资金困难，特别是在我国中西部民族地区，资金更为缺乏，这不仅是区域主导产业发展的制约因素，也是绝大多数产业发展面临的问题。所以，在选择主导产业的过程中，在考虑科学技术的同时还要考虑资金因素对主导产业发展的影响，通过优先发展金融业，利用良好的金融条件，开展多种渠道融资，以保证主导产业发展的资金需求。五是政策因素，包括政府的产业政策和地方政府针对主导产业的发展所制定的一些地方性政策。

一般认为，区域经济的发展主要依托区域的优势和条件。对这一句话要做多方面分析。第一，在经济发展初级阶段靠山吃山、靠水吃水是绝对的。第二，区域优势或是区域劣势可做深入分析，一是双优势或多优势，二是双劣势或多劣势。第三，这种优势是有限的，或这种劣势是可变的。因此，经济发展不一定是利用绝对优势，而可能是发挥相对优势，甚至可能是用其所短，置之死地而后生。

除此之外，一个区域的国民素质水平、现有产业结构关联状况及演变趋势，以及市场发育程度和开放中的国际政治经济环境等也对主导产业产生影响。总之，由于这些约束条件的存在及对区域主导产业的影响作用，在区域主导产业的选择中除了遵循产业发展的一般规律和客观选择基准以外，还应充分考虑外部约束条件。忽略了前者会失去判断标准，而忽略了后者则使区域主导产业选择失去了可操作性，因此，在区域主导产业的选择过程中需要将选择基准和外部约束条件结合起来，在综合考虑各方面因素的基础上选择区域主导产业，让它充分发挥带动相关产业发展、促进区域经济和整个国民经济发展的作用。

第四节 民族地区产业结构优化的决定因素分析

一、民族地区产业结构优化的目标和特征

我国的民族地区是经济相对落后地区,为了实现全国经济的均衡、协调发展,民族地区的经济要优先增长。但是,民族地区产业结构优化的根本目的并不是经济增长,或者说并不单纯是经济增长,而是要发挥后发优势,汲取前人经验,避免资源浪费、环境污染、人力多余、社会动荡,总之一句话,就是要实现民族地区乃至全国的经济社会的可持续发展。

这样一种优化的产业结构应具有如下特征:

(一)资源节约

前面我们已经说过,作为社会经济活动的资源有多种,这些资源可以从多个角度进行分类,最基本的可以分为可再生资源和不可再生资源两种。虽然从表面上看,可再生资源是无限的,但由于地球是有限的,因此,实际上可再生资源也是有限的。为此,对于可再生资源,就要充分、有效地利用,以发挥其最大经济和社会效益;对于不可再生的资源更要充分、节约和有效地利用。

资源的另一种分类方式是可分为有时效性的资源和无时效性的资源。有时效性的资源(如阳光)要在"当时"利用,无时效性的资源(如石油)则需尽可能延后使用。在民族地区,有时效性的资源还包括与民族相关的一些资源,如民族风俗、民族语言、民族服饰等,这些资源由于受到现代化的影响,如不及时发掘和利用,极有可能消失,如果能够充分发掘和利用,则会发扬光大,成为可持续利用的资源。

资源节约的基本特点和要求是降低资源消耗强度,提高资源利用效率,减少自然资源系统进入社会经济系统的物质流、能量流通量强度,实现经济社会可持续发展。

(二)环境友好

1992年联合国里约环境与发展大会通过的《21世纪议程》中,200多处提及包含环境友好含义的"无害环境"(Environmentally Sound)的概念,并正式提出了"环境友好"(Environmentally Friendly)的理念。随后,环境友好技术、环境友好产品得到大力提倡和开发。20世纪90年代中后期国际社会又提出实行环境友好土地利用和环境友好流域管理,建设环境友好城市,发展环境友好农业、环境友好建筑业等。2002年召开的世界可持

续发展首脑会议通过的"约翰内斯堡实施计划"多次提及环境友好材料、产品与服务等概念。2004年,日本政府在其《环境保护白皮书》中提出,要建立环境友好型社会。

在经济持续高速增长、环境压力不断增大的背景下,党的十六届五中全会明确提出了建设"环境友好型社会",并首次把建设资源节约型和环境友好型社会确定为国民经济与社会发展中长期规划的一项战略任务。与此同时,《中共中央关于制定国民经济和社会发展第十一个五年规划的建议》中,也将"建设资源节约型、环境友好型社会"作为基本国策,提到前所未有的高度。

前面我们已经说过,民族地区是原生态的保存区,但也是自然环境非常脆弱的地区。从内蒙古的情况看,长期以来由于过度放牧、盲目开垦草原、过度采伐森林,以及对水资源的不合理利用等,致使生态环境遭到严重破坏,生态环境恶化趋势明显加剧,生态服务功能受到伤害,出现土地沙化、砾石化、草场退化、水土流失、沙丘活化、土壤盐渍化等现象,导致自然灾害频发。因此,在民族地区进行产业结构调整,实现环境友好社会,是全国实现环境友好社会的基础,也是民族地区可持续发展的前提。

(三)经济效益

所谓"经济效益",就是一种讲究效益的经济。

有人会说,追求经济效益是我们长期以来的工作目标,也是全社会的共同理想。从表面上看起来,讲究经济效益不仅是一个企业,也是一个地区、一个国家共同的特征,但实际上,对效益的理解不同、具体的做法不同,得到的结果也大不相同。

对效益的理解要注意两个方面,一个是局部效益与整体效益的关系,另一个是眼前效益与长远效益的关系。我们所讲的效益是把眼前与长远、局部与整体有机结合起来,既不能只顾眼前的生存而忽视了后代人的需要,也不能只为自己的生存而忽视了他人的需要。由此来说,在现实中没有讲究效益或者说忽视效益的经济活动并不是个别情况,而是比比皆是。国内如此,国外也是如此;发展中国家如此,发达国家也是如此。这也正是造成社会经济不可持续发展的根本原因。

(四)技术密集

我国有着庞大的人口,因而有着庞大的劳动力资源。在失业已经成为一个世界难题的情况下,我们讲究建立技术密集型的产业结构似乎有些不合理,因为在一般情况下技术密集意味着劳动节约,也意味着劳动力的失业。实际上,这是按照传统的理论和方法思维的结果。现代社会中的问题,特别是失业问题、过劳死等,正是传统的西方经济社会理论的思维模式导致的必然结果。事实上,不论是从历史的角度,还是从目前的现实看,我们之所以进行技术创新和技术改造,目的就是节约人力,减轻劳动者的负担。当我们把技术水平提高了,生产效率上去了,但劳动力却被排挤出去了,失业的人无事可做,在业的人过分劳累时,是否曾经反问一下:技术发明的目的是什么?

技术密集是产业结构优化和高级化的重要标志之一,也是实现劳动力节约的重要前提。我们讲究劳动力的充分利用,但并不是为了使用劳动力而使用劳动力,而是在实现人的全面发展的基础上充分发挥每个劳动力的积极性、主动性和创造性。

（五）人力学习

人是人类社会一切活动的决定因素,是构成生产力的唯一要素。其他任何要素在生产中的作用,都取决于人力。因此,人需要不断学习,也确实是在不断学习。人类社会的一切进步,都在于人通过学习使自己的能力得到提高。

从现实来看,当前的知识经济、信息经济的基本特征就是知识和信息爆炸。而知识和信息爆炸既是人力提高的结果,也是现实人类活动的起点。人要适应和引领社会需要学习,人生活在社会中也需要学习。不过,我们所讲的"学习",与目前的"应试学习"和"被迫学习"不同,它不是被动的,或者被强迫的行为。实际上,学习是人生活的一种状态,或者说是人的常态。

亚当·斯密在《国民财富的性质和原因的研究》中对资本的定义是：一个国家全体居民的所有后天获得的有用能力是资本的重要组成部分。英国经济学家马歇尔曾观察到"所有资本中最有价值的是对人本身的投资"。新制度学派的代表人物加尔布雷斯在《丰裕的社会》一书中指出：现代的经济活动需要大量受过训练和熟练的人,对人的投资和物质资本投资一样重要,改善资本或者技术进步几乎完全取决于教育、训练和科学发展的投资。舒尔茨教授关于人力资本投资的思路是,在承认大多数民众都是人力资本所有者的前提下,根据人们知识和创新能力的高低,大致将人力资本所有者分为以下几等：一般型人力资本、专业技术型人力资本、管理型人力资本、研究和开发型人力资本、决策型人力资本。由此可见,即使仅仅是为了适应现代社会,个人也需要不断学习,社会也需要为每个人创造不断学习的条件(和制度)。

（六）对新型工业化的解读

1. 新型工业化提出的背景

新型工业化是在党的十六大报告《全面建设小康社会,开创中国特色社会主义事业新局面》中首次提出来的。正如该报告所说,虽然经过20多年的改革开放,我国的经济得到了快速发展。但是,我国仍然处于并将长期处于社会主义的初级阶段,现在达到的小康还是低水平的、不全面的、发展很不平衡的小康。我国生产力和科技、教育还比较落后,实现工业化和现代化还有很长的路要走；城乡二元经济结构还没有改变,地区差距扩大的趋势尚未扭转；人口总量继续增加,老龄人口比重上升,就业和社会保障压力增大；生态环境、自然资源和经济社会发展的矛盾日益突出；我们仍然面临发达国家在经济、科技等方面占优势的压力。因此,我们所要建立的是"经济更加发展、民主更加健全、科教更加进步、文化更加繁荣、社会更加和谐、人民生活更加殷实"的社会主义社会,这既是国内外经验的总结,也是中国特色社会主义的具体体现。

首先,我国是一个后发展国家。在实现工业化的进程中完全可以汲取发达国家工业化的经验和教训，实现跨越式发展。西方国家走的是一条先工业化后信息化之路，中国完全可以将信息化和工业化并进，甚至优先实现信息化，进而带动工业化。

其次，西方国家走的是一条先污染后治理的路子，在西方工业化过程中，自然环境付出了极大的代价。中国必须吸取这样的教训，走出一条工业化与经济发展、环境改善相结合的新路子。

最后，我们还必须考虑到中国人口众多、就业压力突出的现实。西方工业化走的是一条机器排挤工人的路子，造成了严重而长期的社会问题。中国作为后发展国家又是社会主义国家，一定要处理好工业化与经济发展、人民生活改善的关系，处理好资本密集型、技术密集型与劳动密集型产业的关系，处理好高新技术产业与传统产业的关系。所谓"十年树木，百年树人"，劳动力素质的提高是一个长期的过程，而劳动者的生活则是一个日常问题。只有各得其所、各尽所能，才能实现社会的可持续发展。

2. 新型工业化的内容解读

根据十六大报告的提法，走新型工业化道路，就要大力实施科教兴国战略和可持续发展战略，坚持以信息化带动工业化，以工业化促进信息化，走出一条科技含量高、经济效益好、资源消耗低、环境污染少、人力资源优势得到充分发挥的新型工业化路子，努力把我国建设成为经济更加发展、民主更加健全、科教更加进步、文化更加繁荣、社会更加和谐、人民生活更加殷实的社会主义国家。如果说工业化是人类经济发展的一个阶段，那么新型工业化则是人类的一种文明形态。它不仅仅是人们收入水平的提高，也不仅仅是人类使用机器的增加，而是以可持续发展为基本宗旨，以科技水平的提高和社会和谐发展为基本特征的一种文明形态。

第一，新型工业化必须是能够可持续发展的工业化，因此一定要体现出经济社会的可持续发展的能力。十六大报告指出，必须把可持续发展放在十分突出的地位。所谓可持续发展，就是既要满足当代人的需要，又不能影响子孙后代的利益。能够增强可持续发展的能力是新型工业化的生命力所在，也是新型工业化区别于传统工业化的最根本的标志之一。为了实现经济、社会的可持续发展，首先要强调资源的节约、生态建设和环境保护，体现出资源的供给和环境的承受能力。传统的工业化模式是建立在大量消耗自然资源，并对环境造成巨大影响的基础上的。如果按照这一模式，中国的工业化将受到资源供给不足和环境污染恶化的限制而无法实现。根据中国地质科学院全球矿产资源、战略研究中心2002年提出的未来"20年中国矿产资源的需求与安全供应问题"报告，自2002年起的后20年中国实现工业化，石油、天然气、铜、铝矿产资源累计需求总量至少是目前储量的2~5倍。该报告系统分析和研究了英、美等先期工业化国家100多年日、韩等新兴工业化国家50年来工业化进程中经济发展与矿产资源消费的关系，并且总结了矿产资源消费的总量、人均消费量等与经济发展的若干规律，并在此基础上预测了中国及全球在未来20年内能源、资源消费趋势。报告首次提出，自2002年起，未来20年中国石油需求缺口超过60亿吨，天然气超过2万亿立方米，钢铁出口总量30亿吨，铜超过

5000万吨,精炼铝1亿吨。也就是说,在中国实现工业化的进程中,重要矿产资源的供应将是不可持续的。因此,要通过降低资源消耗、减少环境污染、提高绿化水平,来建立适宜人类生存的生态环境。同时还要在经济发展的基础上,不断提高人民的收入水平和物质文化生活水平,逐步消除两极分化,建立和谐的人文社会环境。

第二,新型工业化必须注意发挥教育与科学研究在技术进步中的作用。新型工业化的基础是科学技术的现代化,正如十六大报告指出的,走新型工业化道路,必须发挥科学技术作为第一生产力的重要作用,注重依靠科技进步和提高劳动者素质,提升经济增长质量和效益,加强基础研究和高技术研究,推进关键技术创新和系统集成,实现技术跨越式发展。鼓励科技创新,在关键领域和若干科技发展前沿掌握核心技术和拥有一批自主知识产权。深化科技和教育体制改革,加强科技教育同经济的联系,完善科技服务体系,加速科技成果向现实生产力转化。推进国家创新体系建设。发挥风险投资的作用,形成促进科技创新和创业的资本运作和人才汇集机制,完善知识产权保护制度。

第三,走新型工业化道路一定要处理好高新技术产业与传统产业之间的关系。推进产业结构优化升级,形成以高新技术产业为先导、基础产业和制造业为支撑、服务业全面发展的产业格局。优先发展信息产业,在经济和社会领域广泛应用信息技术。积极发展对经济增长有突破性重大带动作用的高新技术产业。用高新技术和先进适用技术改造传统产业,大力振兴装备制造业。所谓高新技术产业,通常是指那些以高新技术为基础,从事一种或多种高新技术及其产品的研究、开发、生产和技术服务的企业集合。

美国商务部提出的判定高新技术产业的主要指标有两个:一是研发与开发强度,即研究与开发费用在销售收入中所占的比重;二是研发人员(包括科学家、工程师、技术工人)占总员工数的比重。此外,产品的主导技术必须属于所确定的高技术领域,而且必须包括高技术领域中处于技术前沿的工艺或技术突破。根据这一标准,高新技术产业主要包括信息技术、生物技术、新材料技术三大领域。加拿大认为高新技术产业的认定取决于由研发经费和劳动力技术素质反映的技术水平的高低。而法国则认为只有当一种新产品使用标准生产线生产,具有高素质的劳动队伍,拥有一定的市场且已形成新分支产业时,才能称为高新技术产业。澳大利亚则将新工艺的应用和新产品的制造作为判定高新技术产业的显著标志。

经济合作与发展组织也用研究与开发的强度定义及划分高新技术产业,并于1994年选用R&D总费用(直接R&D费用加上间接R&D费用)占总产值比重、直接R&D经费占产值比重和直接R&D占增加值比重三个指标把高新技术产业分为四类,即航空航天制造业、计算机与办公设备制造业、电子与通信设备制造业、医药品制造业。这一分法为世界大多数国家所接受。

中国目前还没有关于高新技术产业的明确定义和界定标准,通常是以产业的技术密集度和复杂程度作为衡量标准。1991年,原国家科技部规定科技管理部门在下列范围内确定为高新科技:微电子和电子信息技术、空间科学和航空航天技术、光电子和光机电一体化技术、生命科学和生物工程技术、材料科学和新材料技术、能源科学和新能源技术、生态科学和环境保护技术、地球科学和海洋工程技术、基本物质科学和辐射技术、医药科学和生物医学工程技术、其他在传统产业基础上应用的新工艺新技术。而根据2002年7月国家统计局印发的《高技术产业统计分类目录的通知》，中国高技术产业的统计范围包括航天航空器制造业、电子及通信设备制造业、电子计算机及办公设备制造业、医药制造业和医疗设备及仪器仪表制造业等行业。

发达国家在新的经济增长中，60%～80%都是新科技推动的。发展建立在高新技术等知识基础上的经济，是摆脱我国工业化进程中资源环境约束的根本途径。在高新技术产业中我国应尤其注意信息技术产业的作用，用信息化带动工业化，以工业化促进信息化，形成良性互动。在发展高新技术产业的同时，也应该看到，目前传统产业在我国社会经济中仍发挥着不可替代的作用。据测算，目前，我国传统产业实现的增加值占国内生产总值的85%，从业人员占就业人数的94%。因此，我国应积极地对传统产业及其生产要素进行科学合理、高效的改造和重组，促使其更新换代，提高传统产业产品的科技含量，增加其附加值，使之以更低的成本获得更高的效益，促进传统产业结构的优化升级。

第四，走新型工业化道路要处理好资金技术密集型产业和劳动密集型产业关系的同时，兼顾经济发展和就业扩大。我国是一个超过13亿人口的大国，有六七亿劳动力供给，劳动力剩余现象十分严重，农业剩余劳动力高达40%以上，再加上人口自然增长每年增加约1000万的劳动力和因提高效率从现有生产过程中优化出来的劳动力，20世纪末需要就业的劳动者已达2.3亿。在这种情况下，如果片面强调发展资金技术密集型产业，就会造成大量失业，造成人力资源的严重浪费。另一方面，目前我国仍有许多具有国际比较优势的劳动密集型产业，如有些加工制造业、服装业、纺织业和服务业等。我们要充分发挥劳动力资源相对充裕的比较优势，在发展资金技术密集型产业的同时有选择有重点地发展劳动密集型产业，加快发展现代服务业，提高第三产业在国民经济中的比重。这既有利于带动投资和消费，又能保障就业和扩大就业，从而保证经济稳定健康地发展。

二、民族地区产业结构优化的决定因素分析

（一）资源节约的具体要求

一般认为，资源节约型社会是指在生产、流通、消费等领域，通过采取法律、经济和行政等综合性措施，提高资源利用效率，以最少的资源消耗获得最大的经济效益和社会收益，保障经济社会可持续发展。

显然，这里的资源仅仅指自然资源，或者说物质资源。实际上，正如前面所说，资源包括很多内容，既有物质资源，也有非物质资源；既有自然资源，也有人力资源；既有现实资源，又有潜在资源。因此，所有这些资源既是宝贵的生产要素，又是资源节约型社会

的生产目的之一。特别是人力资源,表面上看是无限的,但这是在既有的观念之下,在资本雇佣劳动的观念之下的一种片面的认识,因此,所有资源都是节约的对象。

资源节约型社会是一个复杂的系统,包括资源节约观念、资源节约型主体、资源节约型制度、资源节约型体制、资源节约型机制、资源节约型体系等。

观念是行动的先导。资源节约观念是指人们从节省原则出发,克服浪费,合理使用资源的意识。资源节约型主体包括社会的各个方面,如政府、社会团体、军队、企业、事业单位、家庭以及个人等。其中,资源节约型家庭和个人是资源节约型社会的基础,资源节约型政府是导向。资源节约型体系可分为两大类。一类是以产业为标准划分的资源节约型产业体系。其主要包括:重效益、节时、节能、节约原材料的工业体系;规划科学、设计优良、节地省材、质量过硬的基本建设体系;节水、节地、节时、节能的"二高一优"节约型农业体系;节时、节能、重效益的节约型运输体系;适度消费、勤俭节约的节约型生活服务体系。另一类是战略资源节约型体系,即有关战略资源从生产、流通、分配到消费的各个环节形成的相互关联、相互制约的有机节约的整体。

(二) 环境友好的具体要求

《中共中央关于制定"十一五"规划的建议》指出,必须加快转变经济增长方式,推进国民经济和社会信息化,切实走新型工业化道路,坚持节约发展、清洁发展、安全发展,实现可持续发展。

建立环境友好型社会必须大力发展低碳经济。所谓低碳经济是指在可持续发展理念指导下,通过技术创新、制度创新、产业转型、新能源开发等多种手段,尽可能地减少煤炭石油等高碳能源消耗,减少温室气体排放,达到经济社会发展与生态环境保护双赢的一种经济发展形态。低碳经济(Low-carbon economy)的特征是以减少温室气体排放为目标,构筑低能耗、低污染为基础的经济发展体系,包括低碳能源系统、低碳技术和低碳产业体系。其中低碳能源系统是指通过发展清洁能源,包括风能、太阳能、核能、地热能和生物质能等替代煤、石油等化石能源,以减少二氧化碳排放。低碳技术包括清洁煤技术(IGCC)和二氧化碳捕捉及储存技术(CCS)等。低碳产业体系包括火电减排、新能源汽车、节能建筑、工业节能与减排、循环经济、资源回收、环保设备、节能材料等。

建立环境友好型社会,必须大力发展循环经济。发展循环经济,是建设资源节约型、环境友好型社会和实现可持续发展的重要途径。坚持开发与节约并重、节约优先,按照减量化、再利用、资源化的原则,大力推进节能节水节地节材,加强资源综合利用,完善再生资源回收利用体系,全面推行清洁生产,形成低投入、低消耗、低排放和高效率的节约型增长方式。积极开发和推广资源节约、替代和循环利用技术,加快企业节能降耗的技术改造,对消耗高、污染重、技术落后的工艺和产品实施强制性淘汰制度,实行有利于资源节约的价格和财税政策。要强化节约意识,鼓励生产和使用节能节水产品、节能环保型汽车,发展节能省地型建筑,形成健康文明、节约资源的消费模式。

建立环境友好型社会,还要加大环境保护力度。坚持预防为主、综合治理,强化从源头防治污染和保护生态,坚决改变先污染后治理、边治理边污染的状况。进一步健全环境监管体制,提高环境监管能力,加大环保执法力度,实施排放总量控制、排放许可和环境影响评价制度。大力发展环保产业,建立社会化多元化环保融资机制,运用经济手段推进污染治理市场化进程。要切实保护好自然生态。坚持保护优先、开发有序,以控制不合理的资源开发活动为重点,强化对水源、土地、森林、草原等自然资源的生态保护。

环境友好型社会是一个复合体,由环境友好型技术、环境友好型产品、环境友好型企业、环境友好型产业、环境友好型学校、环境友好型社区等组成。这个复合体包括有利于环境的生产和消费方式,无污染或低污染的技术、工艺和产品,对环境和人体健康无不利影响的各种开发建设活动,符合生态条件的生产力布局,少污染与低损耗的产业结构,持续发展的绿色产业,以及人人关爱环境的社会风尚和文化氛围。

(三) 效益经济的具体要求

从理论上讲,商品经济本身就是效益经济。在商品经济社会,时间就是金钱、效率就是生命已是家喻户晓的至理名言。但实际上并不尽然,现实中存在着大量的不讲效益、铺张浪费的现象。问题的关键还在于人的意识、观念和认识水平。

效益经济的具体要求就是凡事要讲求效益、追求效益。判断一项工作或一项工程是否符合效益经济的原则有一个基本标准,这就是"三赢"。具体运用这一标准可以从时间和空间两方面考虑。一个是时间,即过去、现在、未来;另一个是空间,即你、我、他。也就是说,判断一项工程是否有效益,不仅要看它目前能否带来收益,更要看它是否会对未来造成损害;不仅要看它对参与者或部分人、部分地区是否有利,更要看它对其他人或其他地区是否会造成损害。

具体来看,要注意从决定经济可持续发展的根本因素入手,处理好以下几个关系。一是人和物的关系;二是劳动力和技术、知识的关系;三是本地与周边地区乃至整个国家以及世界的关系;四是当前和长远的关系;五是生产和消费的关系;六是物质与精神的关系。

(四) 技术密集的具体要求

技术密集也叫知识密集,不仅仅指工业生产过程。在现代信息社会中,无论是第一产业的农、林、牧、渔业,还是第三产业中的各个组成部分,都是包含着丰富知识含量的经济活动。为了实现技术密集,人们就要不断学习、不断创新。

(五) 人力学习的具体要求

人力学习型产业结构就是要建立学习型社会,这种学习型社会的要求有两个方面,一是要为人们学习创造必要的时间条件,即人们要有时间学习、快乐学习;二是要为人们学习创造必要的硬件设施,包括要有学习的场所(如学校)、学习的材料(如正面向上的文化和技术等)。

具体到学习型社会对产业结构的要求,就是要有高度发达的教育产业。需要注意的是,这里所说的教育产业,并不是说教育要产业化,而是说教育行业要在整个社会的各行业中占有绝对比重,教育投入也要在整个社会特别是在政府的支出中占有绝对比重。

从体制上看,教育行业,不论是中小学教育,还是高等教育都可以采取产业化和非产业化并行的模式。比如在高等教育中民办高校完全以产业的形式实行市场化运作。这些高校在教学内容上可注重应用和技术——职业培训,注重知识和技能的扩展,加强对口培养和专业定制;在办学方式上实行市场化运作,靠教学质量和就业率取胜。与此相对应,公办高校实行非产业化,侧重基础性、开拓性研究和高技术研究。

三、决定民族地区产业结构的模型分析

一个国家或地区的产业结构问题,首先是这个国家或地区该发展什么、不该发展什么产业的问题;其次是这个国家或地区的这些该发展的产业发展到什么程度、不该发展的产业限制到什么程度的问题。在这里,我们只对第一个问题即发展什么样的产业进行分析,这实际上也是我们前面分析的主导产业的选择问题。

正如我们前面所说,决定一个国家或地区产业结构的因素主要是其资源。民族地区的特殊性就在于其资源的特殊性,因此也决定了其产业结构优化目标的特殊性。具体来看,影响和决定民族地区产业结构的因素主要有民族资源、历史文化资源、区位资源、矿产资源、生态资源、劳动力资源、技术或知识资源、资本、信息资源以及市场资源等。在这些资源中,有一些是民族地区的优势资源,如民族、历史文化、区位、生态、矿产等,另一些则是民族地区所缺乏的资源,如资本、信息和劳动力等。从另一个角度看,有些资源具有两面性,比如生态资源,既是民族地区的优势资源,也是民族地区的约束性资源,而且是硬约束性资源;劳动力资源虽不是硬约束性资源,但相对落后的教育,造成民族地区充裕的劳动年龄人口不能很好地转化为劳动力,再加上民族地区市场化程度较低,市场要素没有完全信息化,因此民族地区的信息资源相对缺乏。资本作为一种通用资源在任何情况下都不能算是充裕,但在民族地区更显紧缺。不过,作为一种资源,资本不仅仅是一个数量问题,更重要的是流动性问题,即如何提高资本的使用效率和效益,这也正是我们探讨发展民族地区金融服务体系的原因。

民族地区的产业结构可以由下列模型决定:

$Y=\varphi(N,H,L,M,B,W,T,C,I,D)$

式中,Y:产业结构。

N:民族资源,包括民族数量、各民族聚居的程度,以及民族风情及风俗保存情况。显然,各民族的聚居程度是可变的,可以通过移民或城镇化提高获得改变;民族风情及风俗的保存情况也是可变的,在现代商品经济条件下,民族风情和风俗有消亡的趋势,但也可以通过开发和投资予以保存和发展。

H：历史文化资源，包括历史遗迹和历史资料的开发与整理。

L：区位资源。不同的地区有着不同的区位资源和区位优势。民族地区的区位资源优势尤为明显。

M：矿产资源。在民族地区，实际上在我们整个国家，矿产资源丰富是优势也是劣势。在技术水平落后的情况下，矿产资源的开发、运输和利用不仅会破坏生态、污染环境，而且还会造成极大的浪费，因为大多数矿产资源都是非再生资源。因此，为了很好地利用和发挥矿产资源的作用，必须加大技术创新力度。

B：生态资源和生态约束。历史和现实证明，不论是在民族地区这样的生态脆弱地区，还是在东部发达地区，发展经济都必须注意保护生态。

W：劳动力资源。劳动力资源包括劳动力的数量和劳动力的质量。从前者角度讲，劳动力是一个独立的要素，是指在劳动年龄段内、身体健康、能够并且愿意从事劳动的劳动者的数量；从后者角度看，则包含了技术或知识，也就是说，现代社会的劳动力已经不再是只有一定体力的一定年龄段的人，而（应该）是掌握着一定技术、具备一定现代知识的劳动力。

T：技术资源或知识资源。

D：市场资源，或市场需求、市场约束。纯粹从民族地区来说，市场需求是有限的，这主要是因为民族地区地广人稀，同时由于受国家财政分配体制的影响，居民收入水平增长较慢，社会保障制度不健全，造成居民无钱不能消费，有钱也不敢消费。不过，当前是一个开放的世界，民族地区面对的不仅是全国这样的大市场，更是全世界这样的国际市场。因此，市场是资源还是约束，很大程度上取决于民族地区的产品。

C：资本。资本是一个综合性要素，但在现代社会也是一个独立的要素。因为从产业结构的角度讲，以经营资本运作和融通货币资金的金融业正是现代产业的有机组成部分。

I：信息资源。在现代信息社会，与资本一样，信息也是一个综合性要素，同时也是一个独立的要素。信息产业不仅是一个独立的行业，而且任何生产活动都离不开信息，信息也已渗透到社会活动的各方面、各要素之中。

根据各类资源在经济发展和产业结构优化过程中的地位和作用不同，可以将上述模型变化为：

$Y = C(N, H, L, M, B, W, T, D)I$

在这里，我们把资本和信息作为公共要素（或者叫作综合性要素，也可以叫作通用要素）提取出来，体现出这两个要素的特殊地位和作用。也就是说，在上述10类要素中，除资本和信息要素以外其他要素都可以没有，或者说其他要素都不很重要，但资本和信息两个要素绝不能缺少，而且还要处于第一推动力和持续推动力的位置。

这些资源要素之间的关系可以用图5-1表现出来。

从图5-1可以看出，我国的民族地区应主要发展金融业、信息业、民族文化创意产业

（包括旅游业）、边境贸易（包括边境物流及境内外市场研发）、教育（包括高新技术研发）、生态农业以及环保产业。而由丰富的矿产资源所决定的工矿产品深加工，由于需要有高新技术做基础和担保，在技术创新之前应尽可能少开发甚至不开发，因此，不应该作为重点发展的产业。相反，与之相关的高新技术研发应成为发展的重点。

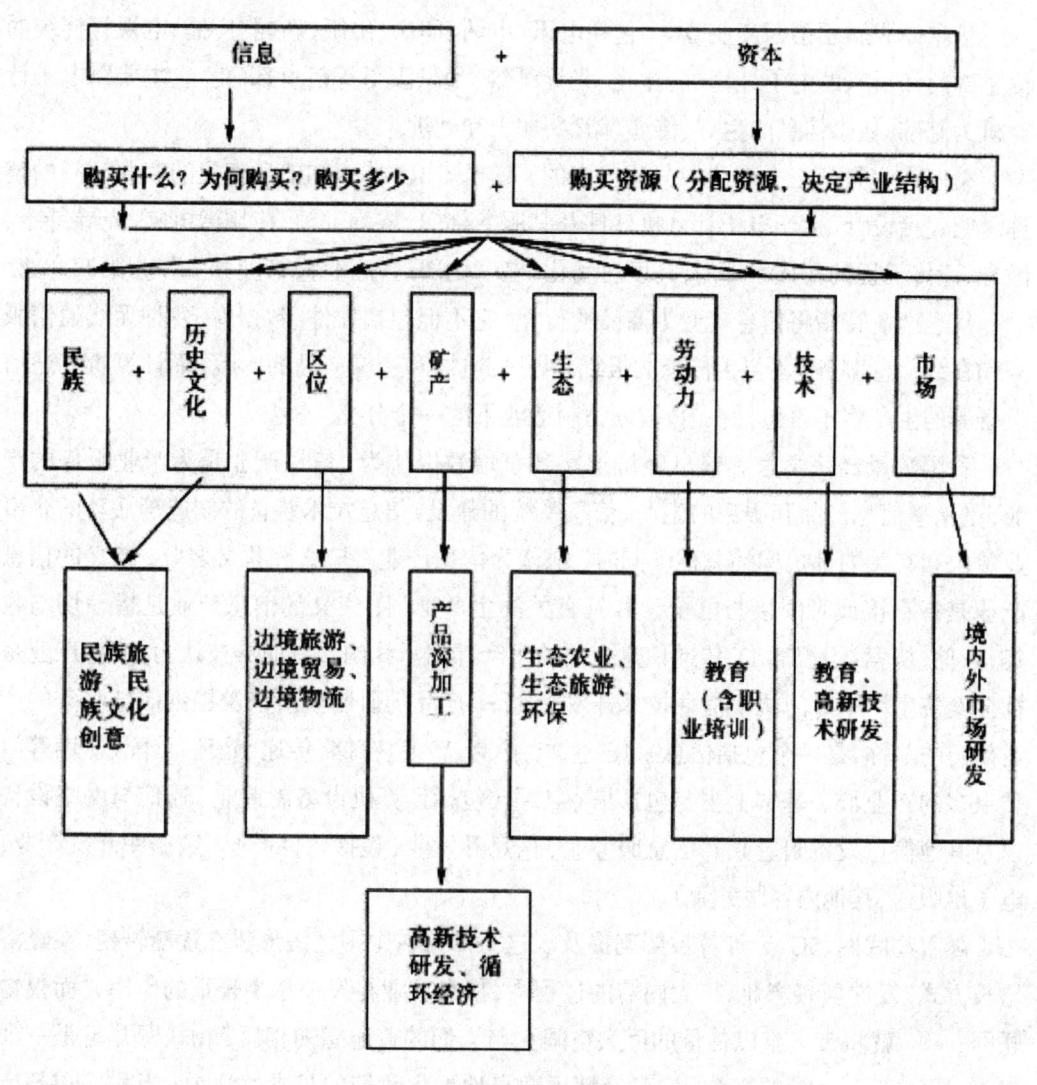

图 5-1　资源要素关系图

第五节　民族地区的目标产业结构

根据前面民族地区产业结构决定模型可以看出，我国民族地区应主要发展以下几种产业。

一、基础类产业

(一)信息产业

信息产业属于第四产业范畴,包括电讯、电话、印刷、出版、新闻、广播、电视等传统的信息部门和新兴的电子计算机、激光、光导纤维、通信卫星等信息部门。它主要以电子计算机为基础,从事信息的生产、传递、储存、加工和处理。

第四产业是从三次产业中分化出来的,属于知识、技术和信息密集的产业部门的统称。它包括设计、生产电子计算机软件及其服务部门,咨询部门,应用微电脑、光导纤维、激光、遗传工程的新技术部门,高度自动化、电气化部门等。信息产业独立作为第四产业。

信息产业特指将信息转变为商品的行业,它不但包括软件、数据库、各种无线通信服务和在线信息服务,还包括传统的报纸、书刊、电影和音像产品的出版,而计算机和通信设备等的生产将不再包括在内,被划为制造业下的一个分支。

我国数量经济学家和信息经济学家乌家培教授认为,信息产业是为产业服务的产业,是从事信息产品和服务的生产、信息系统的建设、信息技术装备的制造等活动的企事业单位和有关内部机构的总称。同时,他认为信息产业有广义和狭义之分,狭义的信息产业是指直接或者间接与电子计算机有关的生产部门;广义的信息产业是指一切与收集、存储、检索、组织加工、传递信息有关的生产部门。我国学者曲维枝认为,信息产业是社会经济生活中专门从事信息技术开发、设备、产品的研制生产以及提供信息服务的产业部门的总称,是一个包括信息采集、生产、检测、转换、存储、传递、处理、分配、应用等门类众多的产业群。基本上主要包括信息工业(包括计算机设备制造业、通信与网络设备以及其他信息设备制造业)、信息服务业、信息开发业(包括软件产业、数据库开发产业、电子出版业、其他内容服务业)。

随着物联网、5G、云计算被明确提及。这意味着在中国经济形势在逐渐转变,在经济增长方式、发展新兴产业、扩大内需的过程中,信息产业将发挥举足轻重的作用。而仅物联网一项,就将带来难以估量的巨大空间。与人们的普遍感知相反,物联网并不是一个遥不可及、不可触摸的概念,它已经悄无声息地融入我们的日常生活中:当我们在超市消费结账时,会享受到射频识别(RFID)服务,这是物联网;当我们使用汽车导航仪时,会享受到全球定位系统的服务,这也是物联网。简单来说,物联网就是一个物物相连的互联网,相比于人人相连的互联网,物联网也将呈几何级数的增长。值得注意的是,物联网还有着长长的产业链,云计算、三网融合和北斗系统这些技术均可纳入物联网的范畴。广州证券林穗林认为,在当今科技时代,随着居民消费水平的提高,新的信息需求将不断产生,信息技术产品将加快升级换代,信息产业将继续扮演推动产业升级、迈向信息社会的"发动机"角色。

(二) 金融业

金融业包括银行、保险、证券、信托、租赁、担保、资信评估、信息咨询等。这是我们本书研究的核心问题，这里不做详细阐述。

(三) 教育文化产业

严格来说，教育文化产业应包括教育和文化两个方面。教育能不能产业化，这是长期以来争论的问题，但实际上又是一个早已解决，或者说早应解决的问题。因为教育既不是新生事物，也不是中国的特产，但教育的意义古今相同，国内外也无例外。因此，问题不在于教育能不能产业化，而是如何大力发展教育事业。换句话说，发展教育毋庸置疑，但如何发展则可以探讨。从目前的现实来看，一部分富裕人群不仅不惜代价投资幼儿教育，更不惜巨资留学国外，对这部分人的教育不仅可以产业化，而且还可以高成本化；而对大多数人的教育则是需要国家"包"下来实行义务、免费或者低收费。此外，教育的不同阶段也可以采取不同的方式，基础教育和普及教育阶段实行义务和免费教育，而继续教育和进修教育、升职教育则可以采取收费甚至高收费方式。从另一个角度看，收费不仅是收入和产业化问题，更是个人对教育的投入和重视问题。从这一意义上讲，免费和收费互相补充，国家和市场共同发挥作用，是发展教育的有效途径。当然，为使发展教育落到实处，我们需要界定哪些需要收费、收多少费用的问题。

对于我国民族地区来说，由于经济发展相对落后，因此教育产业化是不现实的，但不惜代价发展教育则是必需的。我们要充分认识到教育在经济社会发展和产业结构调整、优化中的基础作用和带动作用，根据现实条件和经济社会发展的需要，有针对性地在发展基础教育的同时大力发展高等教育，尤其要重视发展与产业调整和优化相关的职业教育。

前面我们已经说过，民族地区有着丰富的文化资源，为文化创意产业的发展提供了得天独厚的有利条件。在对传统民族文化搜集、整理、保护的基础上进行创造性的开发、保护、利用和传播，将不仅为中华民族优秀文化资源的保护做出贡献，对民族地区各类产业的发展和产业结构的优化也将起到主导性作用。

(四) 研发产业

这里的研发产业包括产品研发、技术研发、市场研发等，既是民族地区教育产业的有机组成部分，也是各类专业研发机构生存的必然要求。因为民族地区有着丰富的原始资源，包括自然资源和社会文化资源，所以需要强有力的研发机构和研发力量去挖掘、开发和利用。

研发（英文为 Research&Development，简称 R&D），即研究开发、研究发展。其原意是指各种研究机构、企业为获得科学技术（不包括人文、社会科学）新知识，创造性地运用科学技术新知识，或实质性地改进技术、产品和服务而持续进行的具有明确目标的系统活动。研发一般指产品、科技的研究和开发。我们这里将研发延伸，既包括自然科学和技术的研发，也包括社会科学和精神产品的研发。研发活动是一种创新活动，需要创造性地工作。

科技研发是指为获得科学技术的新知识、创造性地运用科学技术新知识、探索技术的重大改进而从事的有计划的调查、分析和实验活动。科学原理、规律、理论的研究称为基础研究，而科学技术的应用性研究和开发称为应用研发。科技研发情况是衡量一个国家创新能力的重要指标。技术研发是指为了实质性改进技术、产品和服务，将科研成果转化为质量可靠、成本可行、具有创新性的产品和材料、装置、工艺和服务的系统性活动。在民族地区，技术开发包括低碳技术、循环经济技术、农牧产品加工技术、工矿产品加工技术、食品加工技术等。产品开发包括民族文化产品开发、食品开发和工矿产品开发等。其中，民族文化产品开发可以衍生出民族文化创意产业、民族文化开发、保护与传承；食品开发包括民族食品开发和生态农牧食品开发等。

二、第一产业

民族地区的第一产业主要是以生态农业为基础的农产品深加工产业。实际上，这一产业既可以归为第一产业，属于大农业的范畴，也可以归为第二产业，属于轻工业和食品加工业的范畴。这里我们将它归为第一产业，主要是为了体现民族地区农产品的特点和优势，即生态、绿色、有机。

生态农业是指在保护、改善农业生态环境的前提下，遵循生态学、生态经济学规律，运用系统工程方法和现代科学技术，集约化经营的农业发展模式。

它是按照生态学原理和经济学原理，运用现代科学技术成果和现代管理手段，以及传统农业的有效经验建立起来的，能获得较高的经济效益、生态效益和社会效益的现代化农业。生态农业是一个农业生态经济复合系统，将农业生态系统同农业经济系统综合统一起来，以取得最大的生态经济整体效益。它也是农、林、牧、副、渔各业综合起来的大农业，又是农业生产、加工、销售综合起来，适应市场经济发展的现代农业。

生态农业最早于1924年在欧洲兴起，20世纪三四十年代在瑞士、英国、日本等得到发展。60年代欧洲的许多农场转向生态耕作，70年代末东南亚地区开始研究生态农业，至20世纪90年代，世界各国的生态农业均有了较大发展。建设生态农业，走可持续发展的道路已成为世界各国农业发展的共同选择。

生态农业的探索阶段。生态农业最初只由个别生产者针对局部市场的需求自发地生产某种产品，这些生产者组合成社团组织或协会。英国是最早进行有机农业试验和生产的国家之一。自20世纪30年代初英国农学家A.霍华德提出有机农业概念并相应组织试验和推广以来，有机农业在英国得到了广泛发展。在美国，替代农业的主要形式是有机农业，最早进行实践的是罗代尔（J.L.Rodale），他于1942年创办了第一家有机农场，并于1974年在扩大农场和过去研究的基础上成立了罗代尔研究所，成为美国和世界上从事有机农业研究的著名研究所。罗代尔也成为美国有机农业的先驱。但当时的生态农业过分强调传统农业，实行自我封闭式的生物循环生产模式，未能得到政府和广大农民的支持，发展极为缓慢。

生态农业的关注阶段。到了20世纪70年代，一些发达国家伴随着工业的高速发展，由污染导致的环境恶化也达到了前所未有的程度，尤其是美、欧、日一些国家和地区工业污染已直接危及人类的生命与健康。这些国家感到有必要共同行动，加强环境保护，以拯救人类赖以生存的地球，确保人类生活质量和经济健康发展，从而掀起了以保护农业生态环境为主的各种替代农业思潮。法国、德国、荷兰等西欧发达国家也相继开展了有机农业运动，并于1972年在法国成立了国际有机农业运动联盟（IFOAM）。英国在1975年国际生物农业会议上，肯定了有机农业的优点，使有机农业在英国得到了广泛的接受和发展。日本生态农业的提出始于20世纪70年代，其重点是减少农田盐碱化，农业面源污染（农药、化肥），提高农产品品质安全。菲律宾是东南亚地区开展生态农业建设起步较早、发展较快的国家之一，玛雅（Maya）农场是一个具有世界影响的典型。1980年，在玛雅农场召开了国际会议，与会者对该生态农场给予高度评价。生态农业的发展在这一时期引起了各国的广泛关注——无论是发展中国家还是发达国家都认为生态农业是农业可持续发展的重要途径。

生态农业的发展阶段。20世纪90年代后，特别是进入21世纪以来，实施可持续发展战略得到全球的共同响应，可持续农业的地位也得以确立，生态农业作为可持续农业发展的一种实践模式和一支重要力量，进入了一个蓬勃发展的新时期，无论是在规模、速度还是在水平上都有了质的飞跃。例如，奥地利于1995年即实施了支持有机农业发展特别项目，国家提供专门资金鼓励和帮助农场主向有机农业转变。法国也于1997年制订并实施了"有机农业发展中期计划"。日本农林水产省已推出"环保型农业"发展计划，2000年4月推出了有机农业标准，于2001年4月正式执行。发展中国家也已开始绿色食品生产的研究和探索。一些国家为了加速发展生态农业，对进行生态农业系统转换的农场主提供资金援助。美国一些州政府就是这样做的，如爱荷华州规定，只有生态农场才有资格获得环境质量激励项目；明尼苏达州规定，有机农场用于资格认定的费用，州政府可补助2/3。这一时期，全球生态农业发生了质的变化，即由单一、分散、自发的民间活动转向政府自觉倡导的全球性生产运动。各国大都制定了专门的政策鼓励生态农业的发展。

生态农业的特点。一是综合性。生态农业强调发挥农业生态系统的整体功能，以大农业为出发点，按整体、协调、循环、再生的原则，全面规划、调整和优化农业结构，使农、林、牧、副、渔各业和农村第一、第二、第三产业综合发展，并使各业之间互相支持、相得益彰，提高综合生产能力。二是多样性。生态农业针对我国民族地区地域辽阔，各地自然条件、资源基础、经济与社会发展水平差异较大的情况，充分吸收我国传统农业精华，结合现代科学技术，以多种生态模式、生态工程和丰富多彩的技术类型装备农业生产，使各区域都能扬长避短,充分发挥地区优势,各产业都根据社会需要与当地实际协调发展。三是高效性。生态农业通过物质循环和能量多层次综合利用和系列化深加工,实现经济增值,实行废弃物资源化利用,降低农业成本,提高效益,为农村大量剩余劳动力创造农业内部就业机会,保护农民从事农业的积极性。四是持续性。发展生态农业能够保护和改善生态环境,防治污染,维护生态平衡,提高农产品的安全性,变农业和农村经济的常规发展为持续发展,把环境建设同经济发展紧密结合起来,在最大限度满足人们对农产品日益增长的需求的同时,提高生态系统的稳定性和持续性,增强农业发展后劲。

三、第二产业

我国民族地区的第二产业主要是以工矿产品深加工为基础的循环经济。这里面包括两个方面,一是工矿产品的深加工,二是循环经济。这两个方面都建立在研发的基础之上。

我们知道,民族地区有着丰富的化石资源,这些资源有两个显著特点,一个是储存数量的有限性,另一个是简单开采和利用的重污染性。近几十年来,我国民族地区的生产总值增长主要建立在这些资源的开采和出售之上,尤其是内蒙古地区,资源的开采和出售已严重污染和破坏了环境,严重制约了内蒙古的可持续发展。民族地区资源的利用有两个渠道,一个是就地开采和深加工,另一个是运往异地深加工。显然,就地开采并深加工是最好的出路。不过,就地开采并加工存在的问题是开采和加工技术。这恰恰是民族地区大力发展教育和研发的原因所在。同时,正如我们前面所说,民族地区存在的突出问题之一就是教育相对落后,研发力量薄弱。通过发展教育和研发产业为其他产业发展提供基础,或者通过限制和引导包括工矿产品深加工在内的循环经济来带动教育和研发,正是我国民族地区经济发展的必由之路。

四、第三产业

(一)民族文化创意产业

文化创意产业(Cultural and Creative Industries),是一种在经济全球化背景下产生的以创造力为核心的新兴产业,强调一种主体文化或文化因素依靠个人(团队)通过技术、创意和产业化的方式开发、营销知识产权的行业。创意产业概念的出现有很大的历史背景。第一,欧美发达国家完成了工业化,开始向服务业、高附加值的制造业转变。它们一方面把一些粗加工工业、重工业生产向低成本的发展中国家转移,另一方面它们很多老的产业、城市出现了衰落,这时候就出现了经济转型的实际需要。第二,20世纪60年代,欧美出现了大规模的社会运动亚文化、流行文化,各种社会思潮风起云涌,对传统的工业社会结构有很大的冲击。人们更重视差异,反对主流文化,鼓励个性的解放,对以前普遍认为怪异的多元文化都逐渐开始承认,社会文化更加多样和多元,形成了有利于发挥创造力的氛围。第三,20世纪80年代撒切尔夫人、里根上台以后的经济政策更加鼓励私有化和自由竞争,企业和个人要创新,有差异化才能有市场,这也刺激了创意产业的发展。在这样的时代背景下,创意产业在西方发达国家得以萌生和不断发展。

关于什么是文化创意产业,目前尚无确切和普遍接受的定义。近年来,文化产业、文化创意产业话题非常热,更多的时候大家的讨论都停留在概念层面,到底文化创意产业或者文化产业是什么,国内理论界众多学者围绕文化创意产业的不同侧面提出了各种说法。有人认为文化产业主要是创造出一些能够吸引人眼球的文化产品,如电视节目、网络节目等,因此称之为眼球经济。有人认为文化创意产业竞争主要是围绕如何争夺受众的注意力,并围绕受众的注意力展开多种经济附加值服务,因此称其为注意力经济。也有人根据伴随中国汽车数量急剧增长而出现的交通广播类节目盈利模式提出了耳朵经济的概念。这些说法都不全面,都没有点出文化创意产业的核心本质。20世纪80年代,美国著名的文化经济学家约翰·霍金斯在《创意经济》一书中把创意产业定义为其产品都在知识产权保护范围内的经济部门,知识产权(专利、版权、商标和设计)所涉及的四种产业就组成了创意性产业和创造性经济。《北京市文化创意产业分类标准》将文化创意产业定义为"以创作、创造、创新为根本手段,以文化内容和创意成果为核心价值,以知识产权实现或消费为交易特征,为社会公众提供文化体验的具有内在联系的行业集群"。

由此可以看出,文化创意是以知识为元素、融合多元文化、整理相关学科、利用不同载体而构建的再造与创新的文化现象。文化创意产业主要包括广播影视、动漫、音像、传媒、视觉艺术、表演艺术、工艺与设计、雕塑、环境艺术、广告装潢、服装设计、软件和计算机服务等方面的创意群体。

关于文化创意产业的名称,各个国家也不相同。称创意产业的有英国、韩国。欧洲其他国家有人称之为文化产业。在美国没有文化创意产业的概念。美国是一个高度法治的国家,一切创造力产生的产品都是有知识产权的,比如绘画、歌曲、舞蹈、电视节目、广播节目都是有版权的,未经授权其他人不能使用。因此他们把相关行业基本叫作版权产业。实际上这个产业最核心的东西就是创造力。也就是说,文化创意产业的核心其实就在于人的创造力以及最大限度地发挥人的创造力。创意是产生新事物的能力,这些创意必须是独特的、原创的以及有意义的。在内容为王的时代,无论是电视影像这样的传统媒介产品,还是数码动漫等新兴产业,所有资本运作的基础就是优良的产品,而在竞争中脱颖而出的优良产品恰恰来源于人的丰富的创造力。因此,文化创意产业的本质就是一种创意经济,其核心竞争力就是人自身的创造力。由原创激发的差异和个性是文化创意产业的根基和生命。

从世界各国文化创意产业的发展情况看,在全球化维度下,经济日趋一体化,互联网的迅速发展,形成了麦克卢汉所说的地球村;其他产业尤其是高科技行业已经日益因全球化而趋同，但文化是别人替代不了的。每个民族、每个国家都有自己独特的文化历史。各个民族的差异化很明显。然而如果没有关注自身的文化资源，没有对本土文化进行产业化发展，本土文化就会受到其他国家文化产业浪潮的冲击。文化产业发达的西方国家的生活模式和价值观到处传播，尤其是"冷战"后美国文化对发展中国家大量渗入，全球文化的同质化现象日趋明显。

哈佛大学的约瑟夫·奈教授提出了在中国国内很时髦的一个词叫软实力，就是指把文化推到世界去。虽然中国有悠久的历史、丰富的文化资源，但是在以产业形式进行文化推广方面的工作做得很不够。国内一直对软实力有误解，一谈软实力就是怎样卖电影、书籍等文化产品。实际上软实力最核心的是有吸引力的价值观，真正有吸引力的不是一些红灯笼之类的符号表象，而是软实力背后的价值观念，这才是根本。其次还有科技能力等。在当今世界，创意产业已不再仅仅是一个理念，而是有着巨大经济效益的直接现实。约翰·霍金斯在《创意经济》一书中指出，全世界创意经济每天创造220亿美元，并以5%的速度递增。一些国家增长的速度更快，美国达14%，英国为12%。

就世界范围来说，美国的文化产业最为发达，美国文化产业在其国内GDP中所占的比重非常大。在整个20世纪90年代，全球无线电视和基础有线电视收入的75%，付费电视收入的85%依靠美国电视节目。全球55%的电影票房收入和55%的家庭录像收入也依靠美国产品，美国的CD和录音带大约占全球录音产业收入的一半。美国的图书市场占全球图书市场的35%。文化创意产业在给美国带来巨大的经济效益的同时，也将美国的文化价值体系迅速地向世界其他国家和民族进行推广，美国的价值观念通过美国的影视作品在全世界范围内得到了传播。亚洲的韩国和日本在发展文化创意产业方面也取得了巨大的成绩，尤其是风靡东亚甚至欧美的韩国电影和韩剧，在赚取了观众大量眼泪的同时还赚取了大笔的外汇，在很多国家形成了被称为"韩流"的韩国文化热。

中国是有着5000多年文明史的古老国家，在长期的社会实践中，各民族人民勤劳勇敢，创造了丰富而灿烂的文化。中国的民族文化创意产业的内容非常广泛，初步分析包含以下几方面：一是人文方面的，如生、老、病、死；衣、食、住、行；婚、恋、嫁、娶；语言、文字、节庆、歌舞、家族源流（主要是家族、家谱、基因）、民族渊源、历史遗产。二是自然方面的，如村庄（分布、城镇改造、名称、名镇、名村）、地理（江、河、湖、海、山、水、草、沙）、生态、动植物、人种。三是经济方面的，如农业、工业、现代服务业以及手工艺（金属制品、石雕、木雕、砖雕、竹编、陶瓷、纺织刺绣、剪纸）等。四是医药方面的。这些材料为我国民族地区发展文化创意产业提供了无尽的宝藏。

（二）旅游业

旅游业包括民族旅游（含民族文化、民族艺术、民族体育，其中民族文化又包括民族语言、民族餐饮、民族服饰、民族建筑、民俗）、生态旅游、边境旅游，在此基础上衍生出住宿、餐饮、导游、客运（铁路、公路、城市公交、航空）、货运（主要是旅游用品，包括食品等）

以及交通设施建设(铁路、公路、机场)、会展。由此可见,在民族地区生态脆弱、基础设施落后的背景下,旅游业真可以说是主导产业,旅游业的发展可带动多个产业的发展。

随着求知、求异和求奇的旅游时尚逐渐兴起,人们开始要求绿色、原生态和回归自然。民族地区有优美独特的自然风光、丰富多彩的人文景观,极具内涵的传统文化,使其形成了丰富的自然生态旅游资源,因此大力发展民族地区旅游业是促进少数民族地区经济发展、弘扬民族传统文化的良好举措。

民族旅游这一旅游形式因其民族性、异域性、神秘性、资源独特性、休闲性和文化体验性的一体化,自20世纪80年代初期中国民族地区旅游业起步伊始,便日益受到旅游者推崇,特别是由于民族旅游代表民族经济和民族文化传承与保护、民族地区可持续发展的最佳实践,西部很多地区的旅游市场导入了民族旅游模式,民族旅游得到蓬勃发展。

更为特别的是,少数民族在发展过程中保留了各民族不同历史阶段各具特色的文化遗产、宗教圣地、民族村寨和民族建筑,民族地区可称得上"天然历史博物馆"。中国各少数民族都有自己独特的文化,外显于衣、食、住、行、娱乐诸方面,是人类文明的宝贵财富。当前,国际旅游趋势正在向文化旅游发展,能展现民族风俗、弘扬民族民间文化的旅游越来越受到重视。要了解一个国家或民族的文化,民俗是最好的窗口,因为民俗是一种传承文化,是一个民族物质文明和精神文明的具体表现,是民族传统文化的承载体。饮食文化、民间工艺、民族服饰文化、建筑文化、婚姻习俗、生活礼节、生产习俗、民族舞蹈、民族体育等,构成了少数民族文化的丰富内容,也为开展民族文化旅游提供了资源。

从生态旅游看,民族地区有着丰富的自然生态旅游资源。我国民族地区大多处于边疆及边远地区,自然条件十分复杂。同时,民族地区与大多数汉族发达地区相比,经济还比较落后,整个地区的资源仍处在未开发或少开发阶段,这就使民族地区保存着优美的自然环境和良好的生态环境。

民族地区的生态旅游资源按自身特点可大致分为以下几种:山地资源。民族地区有丰富而闻名天下的山地资源,如桂林的喀斯特山水风景区,山清、水秀、石美、洞奇,向来有桂林山水甲天下和碧莲玉笋世界之美誉;云南路南石林也是著名的喀斯特景区,其中有奇峰危石、怪石嶙峋。阿诗玛、万年灵芝等景点用其酷似的形态和优美的传说,把游人带入奇妙的景境。草原资源。我国草原主要分布在内蒙古地区、西北荒漠地区的山地、东北西部和青藏高原等民族地区,几乎涵盖了世界上主要的草地类型,有草原、草甸等。不同的植物构成了不同的草地类型,表现了不同的结构,呈现了不同的景观,具有多样性,向来以其辽阔、美丽、多彩而为人们称赞。森林资源。我国民族地区森林旅游资源丰富,类型多样,分布广泛。森林生态旅游可使旅客置身于丰富的动植物资源环境中,获得美的享受和性情的陶冶,如吉林省的长白山等。随着我国经济的快速发展和人民生活水平的提高,森林旅游已成为我国十分大众化的旅游方式。湖泊资源。民族地区湖泊众多,仅青海省就有大小湖泊230个,其中最大、最著名的就是青海湖。四川省阿坝州内的九寨沟以水著称,有100多个梯形彩色湖泊,无数飞瀑流泉奔腾倾泻串联其间,景色秀丽奇绝,被誉为"童话世界""人间仙境",是世界著名的景点。沙漠、戈壁资源。沙漠、戈壁是一种有着独特魅力的旅游资源,茫茫大漠上形态各异的风蚀城堡、神秘奇特的沙坡钟鸣、连绵不断的沙丘、虚幻缭绕的海市蜃楼等奇景都极具旅游价值。例如,宁夏的沙坡头,再现了"大漠孤烟直,长河落日圆"的壮丽奇景;号称"死亡之角"的塔克拉玛干沙漠,在它的周围和深处发现的古城遗址达40余处,这些人类古遗迹为沙漠旅游增添了新的魅力。

需要注意的是,作为当代经济的重要组成部分,生态旅游业对环境和生态资源的依赖性很强,良好的环境及生态资源是发展生态旅游的前提和基础。在制订生态旅游环境保护规划时要坚持两个原则:一是要坚持"综合开发,保护第一",把环境和生态资源保护放在首位;二是要坚持容量控制,旅游区内一切资源都是有限的,而民族地区由于其地理位置的特殊性,生态资源更是有限和脆弱。循环经济既有利于解决对生态旅游业发展中由于经济收益降低、经济效益脱节带来的困境,又有利于长期源源不断地促进对生态旅游业可持续发展。

我国民族地区主要地处边境,因此发展边境旅游具有先天优势。边境旅游是指相邻两国或地区的居民,在双方接壤的对外开放的边境城市或地区相互进行短程旅行游览的行为。它是国内旅游的延伸,是国际旅游的重要组成部分。边境旅游可根据不同的旅游目的划分为探亲旅游、观光旅游、购物旅游、商务旅游、疗养旅游、观光加度假、购物加度假等多种旅游方式。边境旅游这一重要的旅游产品,作为各国旅游业发展中的重要组成部分,越来越受到许多国家政府和旅游部门的重视。虽然不少边境地区经济、交通相对落后,但那里往往是人们出国旅游最方便的地区。它们具有与邻国距离近、费用低廉、语言障碍少及旅游资源独特等特点。加上国际关系发展良好,便具备了开展跨国旅游的优势。近年来,许多相邻国家为扩大本国的国际旅游市场,充分利用本国边境资源发展边境旅游,使那些位于边境地区、跨越两国或多国边境的著名的或鲜为人知的自然奇观或人造景观,成为人们争相前往的地方,成为对旅游者产生强大吸引力的旅游目的地。

从空间方面看,相邻国家关系的良好发展,会使两国之间相互开放的城市或地区的范围不断增大,从最初只限于边境城市或地区向内地延伸,直至邻国的省会所在地或首都。

从时间方面看,根据相邻两国开放边境城市或地区的具体情况、旅游资源和游览项目的多少及旅游交通状况,来确定开展一日游或多日游。一般情况下,随着旅游线路的延长、旅游产品的翻新和娱乐设施的增加,可从开始时的一日或几日游,逐步发展成为多日游。例如,1988年中国和当时的苏联只搞一日游,1990年扩大了对外开放的区域后,边境游的时间延长到7~8日。中越边境旅游也从1~2日游,发展成为多日游。再如,在行、住、食、游、购、娱六大要素已初步形成体系的满洲里市旅游线路从原来开办的红石一日游、赤塔三日游发展到试开通乌兰乌德八日游、伊尔库茨克十日游、莫斯科十五日游。

从游客方面看,原来只限于边境地区或附近地区居民,逐渐扩展到国内各地区居民。

许多国际旅游者都是通过边境口岸到邻国旅游的。

近年来,边境游的发展对我国民族地区经济发展的促进和带动作用日益明显。一是促进了边境地区国民经济的协调发展。多年来,外经外贸的发展推动了旅游业的迅猛发展,边境旅游呈现出强劲的发展势头。通过边境旅游活动,吸引了大量的邻国公民,使边境旅游得以不断发展,带动了边境地区相关行业,如交通运输业、饭店旅馆业、医疗卫生业、银行保险业、邮电通信业、商业、建筑业等的发展,繁荣了边境地区经济,促进了边境地区国民经济的协调发展。二是促进了边境地区外向型经济的发展。随着对外开放的不断扩大,边境地区商务旅游和购物旅游活动得到迅速发展。为满足邻国和第三国家商品市场的需要,边境地区发展了这些商品的生产和销售,并与邻国相关企业协作,拓展了对外贸易的领域,促进了边境地区外向型经济的迅速发展。三是促进了边境地区与全国各地的横向联系。在边境旅游发展过程中,全国各地区许多企业打破了地区、部门、行业和所有制的界限,使边境地区企业与内地相关企业进行横向经济联系,共同发展边境贸易和旅游经济,其中主要有旅行社组织团队,交通运输,旅游商品的生产、销售和旅游饮食等方面的横向联系与合作。不仅为企业集团化发展创造了条件,而且提高了边境地区的知名度。四是增加了财政收入,为国家积累资金。目前,虽然没有全国边境旅游收入的确切统计数字,但从一些重要边境旅游收入中可以看出按一定税率交给国家的税款是可观的。五是促进了边境地区的人民思想解放和精神文明建设。开展边境旅游,要求经营者的素质高于国内旅游服务质量,要求服务人员有严格的外事纪律和较高的礼貌常识。开展边境旅游,可增加当地居民的开放意识、旅游意识和生态保护意识,促进人们的精神文明建设。开展边境旅游,可使那些发展相对滞后地区的居民有机会认识和学习由邻国旅游者带来的先进技术、信息和知识,开阔人们的眼界。六是加强了邻国人民之间的了解和友谊。通过边境旅游来华的外国人和华侨通过亲自体验,加深了对我国的了解和热爱,通过交流,也使我们得以更快、更全面地了解邻国情况,增强两国人民之间的友好睦邻关系。

应该说,我国民族地区旅游业刚刚起步,由于对旅游产品的开发研究不足,再加上管理不善,我国民族地区的旅游目前大多属于明显的季节游,有的地区旅游时段甚至只有短短两三个月,形成了"干俩月吃一年"的现象,造成旅游旺季物价飞涨,旅游淡季又一落千丈,给人以严重的宰客印象。为此,需要在加强管理的同时着力研发旅游产品,延长旅游路线,增加旅游内容,优化游客食宿,从而在实现游客旅游目的的同时增加旅游目的地的产值和就业,实现民族地区产业结构的有效调整。

（三）边境贸易与边境物流

边境贸易是指边境地区在一定范围内边民或企业与邻国边境地区的边民或企业之间的货物贸易。有两种形式：一是边民互市贸易。它是基于边民个人之间买卖行为的一种贸易方式,两国双方边境居民在规定的开放点或指定的集市上,以不超过规定的金额,买卖准许交换的商品。二是边境小额贸易,指边境地区的外贸公司,与邻国边境地区的贸易机构或企业之间进行的小额贸易。

边境物流,又称口岸物流,是指口岸城市利用其自身的口岸优势,以先进的软硬件环境为依托,结合口岸边贸、旅游、加工、生产、保税、金融和保险等行业的发展,强化其对口岸周边物流活动的辐射能力,突出口岸集货、存货、配货特长,以口岸产业为基础,以信息技术为支撑,以优化口岸资源整合为目标,发展具有涵盖物流产业链所有环节的口岸综合服务体系。口岸物流不仅仅包括一般的集散、仓储和保税功能,而且还可以为进出口加工、境外营销、国内外加工、会议展览等提供物流服务活动。

正如前面所说,我国民族地区多处于陆路边境,在发展边境贸易和边境物流方面有着得天独厚的优势,尤其是随着我国对外开放的扩大、国际贸易的发展,以及"一带一路"倡议的实施、"互联互通"的实现,以口岸城市为中心的边境贸易和边境物流将有更进一步的发展,势必会带动其他产业快速发展。

(四) 环保产业

环保产业是指在国民经济结构中以防治环境污染、改善生态环境、保护自然资源为目的所进行的技术开发、产品生产、商业流通、资源利用、信息服务、工程承包、自然保护开发等活动的总称,主要包括环保机械设备制造、自然保护开发经营、环境工程建设、环境保护服务等方面。

环保产业是一个跨产业、跨领域、跨地域,与其他经济部门相互交叉、相互渗透的综合性新兴产业。因此,有专家提出应将其列为继知识产业之后的第五产业。国际上对环保产业的理解有狭义和广义之分。其中狭义的理解是终端控制,即在环境污染控制与减排、污染清理以及废物处理等方面提供产品和服务;广义的理解则包括生产中的清洁技术、节能技术,以及产品的回收、安全处置与再利用等,是对产品从生到死的绿色全程呵护。美国的环保产业由三类组成:第一类包括分析服务、固体废弃物管理、危险废弃物管理、化学废弃物管理、修复/工业服务、咨询与工程;第二类包括水处理设备和化学药品、大气污染治理、过程与预防技术、废弃物管理设备、环境仪器仪表制造;第三类包括公共用水资源、恢复、环境能源、来源。而在日本,生态企业则被划分为六个部门,即环境保护、废弃物处置和循环利用、环境恢复、有利于环境的能源供给、有利于环境的产品(清洁产品)、有利于环境的生产过程。

从国际上看,环保产业发展很快,已经成为各个国家非常重视的朝阳产业。据统计,全球环保产业的市场规模已从1992年的2500亿美元增至2013年的6000亿美元,年均增长率8%,远远超过全球经济增长率。

节能环保产业是指为节约能源资源、发展循环经济、保护生态环境提供物质基础和技术保障的产业,是国家加快培育和发展的7个战略性新兴产业之一。节能环保产业涉及节能环保技术装备、产品和服务等,产业链长,关联度大,吸纳就业能力强,对经济增长拉动作用明显。因此，人们认为加快发展节能环保产业，是调整经济结构、转变经济发展方式的内在要求，是推动节能减排，发展绿色经济和循环经济，建设资源节约型、环境友好型社会，积极应对气候变化，抢占未来竞争制高点的战略选择。

根据《国务院关于加快培育和发展战略性新兴产业的决定》有关要求，为推动节能环保产业快速健康发展，国家在环保产业方面重点发展的领域有三个。一是先进环保技术和装备，包括污水、垃圾处理，脱硫脱硝，高浓度有机废水治理，土壤修复，监测设备等，重点攻克膜生物反应器、反硝化除磷、湖泊蓝藻治理和污泥无害化处理技术装备等；二是环保产品，包括环保材料、环保药剂，重点研发和产业化示范膜材料、高性能防渗材料、脱硝催化剂、固废处理固化剂和稳定剂、持久性有机污染物替代产品等；三是环保服务，建立以资金融通和投入、工程设计和建设、设施运营和维护、技术咨询和人才培训等为主要内容的环保产业服务体系，加大污染治理设施特许经营实施力度。

由此可以看出，我国民族地区既是生态脆弱区，又是生态屏障地，在发展环保产业方面更显得急需和紧迫。

除了以上这些产业外，实际上，随着这些产业的发展，民族地区可以带动相关的产业实现大发展。比如民族地区的交通基础设施还相对落后，随着旅游、物流等产业的发展，铁路运输、公路运输、城市公共交通、航空运输业、仓储邮政业以及住宿和餐饮业等必然会快速发展起来，充分体现出龙头行业的带动作用。

第六章 金融作用于产业结构调整的经验

我们对国内外的金融发展理论进行了评述，说明了虽然民族地区的经济发展和产业结构调整具有中国特色，但金融发展理论在一定程度上，从某几个角度研究了经济发展与金融之间的互动关系。虽然有人认为产业结构调整与经济发展关系密切，甚至认为经济发展在某些情况下就是产业结构的调整，或者说是产业结构调整带来的，但产业结构调整不能完全等同于经济发展。

金融的发展及深化对产业结构的影响可从两方面解释。首先，金融业的发展直接体现为金融保险业的产出增大，这在统计核算中不仅表现为 GDP 总量的扩大，而且表现为第三产业增长加快，第三产业比重增大，产业结构优化；其次，金融对产业结构调整的更重要的作用体现在可以促进各产业不同程度的增长，实现产业结构的优化。这里我们主要对金融促进各产业不同程度增长的经验进行总结。

第一节 金融在产业结构调整中的作用

产业结构的优化，表现为构成国民经济的各产业部门之间比例关系的变动。尽管造成这种变动的原因多种多样，但最直接的原因不外乎一个，这就是各产业之间资源配置量的变动。由于在商品经济社会，资金是资源的代表，是资源的货币表现，因此，资源配置量的变动集中表现为资金分配的变动。又由于在现代社会资金被集中掌握在金融部门之手，也意味着资金的分配权掌握在金融部门手里。

在实践中，产业结构的调整，无论是改善产业之间数量的比例关系，还是提高产业结构的质量；无论是采取投资倾斜为主的增量调整，还是采取以资源再配置为主的存量调整；无论是物质资本的形成，还是人力资本的形成，都离不开金融中介。

那么，金融部门是怎样进行资金的集中和分配呢？一般认为，金融部门正是通过其资金形成、资金导向、信用催化、产业整合及防范和分散风险等作用机制，来改变资金的供给水平和配置格局,从而推动产业结构的不断调整和优化。

确实,金融部门作用于产业结构调整的具体方式是通过这几种途径发挥的,但这也是被动地发挥作用。金融部门作为国民经济的综合部门,掌握着全社会的资金,其完全可以主动地发挥调整作用。

一、通过金融政策影响产业结构

产业政策,又可以称为产业结构政策,是一个国家根据经济发展的内在联系,揭示一定时期内产业结构的变化趋势及其过程,并按照产业结构的发展规律保证产业结构顺利发展推动国民经济发展的政策。产业政策的实施需要金融政策的支持。日本和东南亚新兴工业化国家和地区的成功经验显示,完成产业结构的转换,产业政策和金融政策起到了决定性作用。其中以韩国为代表的结构主义产业和金融政策模式与以我国台湾为代表的新古典主义产业和金融政策模式最为典型。

韩国发展模式是一个经典的结构主义模式,其主要目标是把整个经济结构转化为非农业经济并以多样化的方式参与国际贸易,摆脱单一产品出口模式。该模式认为,市场机制作为资源配置的手段在发展中国家是失灵的,政府必须通过产业政策的制定和实施重点扶持收益高、有长远活力的具有战略意义的产业。为此,韩国政府广泛运用倾斜的信贷政策,有60%左右的银行贷款受政府控制。运用拔苗助长的策略鼓励由政府挑选出来的、有潜力的大型企业作为生产资本——技术密集型企业。后来这些企业中的多数成了韩国极为成功的企业。

二、通过存款和信用扩张决定产业结构

银行是全社会的资金中心,首先在于其吸收了全社会的储蓄资金。但储蓄仅仅是资金形成的价值准备,储蓄向投资的转化才是资金形成的关键。资金形成在经济增长和产业结构调整中的重要作用,最终要通过这一过程来实现,而无效的转化也会给经济发展造成不利的影响。随着经济从简单的商品经济到货币经济、再到信用经济乃至金融经济的发展,储蓄向投资转化的形式也经历了实物转化、货币转化、信用转化和金融中介转化四个历史阶段。货币、信用与金融中介的发展,一步步推动着储蓄向投资转化机制的完善。金融的体系结构、运行机制以及调控机制的健全与完善,促进了金融体系充分发挥储蓄投资转化中介的作用,并不断提高这一转化的效率。

金融具有信用催化,即信用创造的作用和能力,通过信用创造可以加速资本形成,促进生产中资源的节约和使用效率的提高,从而把潜在的资源现实化,推动产业结构调整与经济总量增长。在信用催化机制作用下,资金投向不限于已存在明显效益的产业或项目,往往以资金的增值返还为出发点,选择具有超前性以及有广泛的前向、后向和旁侧扩

散效应的产业项目进行投资,催化主导产业、相关产业及其合理的产业结构体系的构建与调整更迭,在资金良性循环基础上实现经济的发展和提高。这也是金融促进产业结构升级调整机制的一个重要方面。

三、基于利益需要和产业政策决定资金投向

金融在聚积巨额资金的同时,要寻找资金的投向。金融资金的投向从根本上讲是建立在金融企业的利益需要基础之上的,同时又受到国家和地区产业政策的影响和限制。

在实现资金导向和资源配置功能的过程中,商业性金融机构按照收益性、安全性、流动性原则对竞争行业的投资性项目进行评估,促使资金从低效部门向高效部门转移,并通过一定的组织制度,对资金使用企业实行经济控制和监督,促进信息沟通,减少资金配置中的短期行为,提高投资收益。

政策性金融的主要功能体现在执行国家的产业政策上,具体又分为两方面。一方面,政府通过中央银行,利用一般性货币政策工具,调整货币供应量,为实施产业结构调整政策提供一个迫使旧的产业结构发生松动、淘汰、改组与发展的宏观氛围,为产业结构调整创造先决条件;同时,通过区别对待的利率政策,对不同产业、行业和企业进行鼓励或限制,或采用信贷选择政策,由中央银行根据产业政策进行信贷配给或行政指导,直接干预民间金融机构的信贷,引导资金投向。另一方面,政府往往出面建立若干官方或半官方的政策性金融机构,向私人金融机构不愿或无力提供资金以及投入资金不足的重点、新兴产业进行投资和贷款,实现对市场调节的补充。

四、通过产融结合和利益共享加速产业整合

产融结合是指产业与金融业在经济运行中通过参股、持股、控股和人事参与等方式而进行的内在结合或融合。产融结合客观上对资本配置产生了三个方面的重大影响。

一是促进产业组织结构合理化。合理的产业组织结构意味着能较好地取得规模经济效益和保持产业的竞争力,从而推动产业技术进步和效率的提高,而产业组织结构与绩效是由企业追求效率的行为决定的,所以,金融促进产业组织合理化的作用机制,是通过金融对企业的集中行为实现的。其具体途径就是企业的集团化。

二是金融资本对产业资本的渗透,加速了资本集聚的进程,推动资源向优势企业和产业集聚,迅速壮大了企业,提高了规模经济效益和产业竞争力,这在资本市场上常见的股权转让和兼并收购中表现得尤为明显。同时,金融的发展推动了企业向集团化、国际化发展,通过组建集团内部的财务公司,为集团内部提供了连接纽带和控制手段。金融发展带来了高效的金融运行机制,为产业成长提供了必要的金融资源配置和重组机制,打破了部门、地区和国界的限制,加速了产业结构的调整。

三是产融结合使金融市场与商品市场、劳动力市场、技术市场成为完整的市场体系。金融市场促进了资本在不同区域间的流动、重组,这种流动必然带来商品、劳动力和技术等资源的空间转移,改变了区域资源禀赋,促进了产业结构调整。特别是技术的传播,对区域产业结构的提升具有决定性的意义。

金融对产业组织的演化具有重要作用,它影响着企业的治理结构和控制方式。首先,金融发展意味着金融机构与金融工具的多样化,为信用扩展提供了完备手段,促进了资本的转移和集中,推动了企业集团化发展,加速了产业结构的调整。其次,金融发展为企业集团提供了集团内部的连接纽带和控制手段,由此企业集团的发展可打破行业、部门、地区和国界的限制,推动企业向跨国、多元化方向发展。最后,金融发展使企业竞争形式发生变化,即由价格竞争发展到销售竞争、技术竞争和资本竞争,后者需以大量的资本为前提,因而对金融资源具有很强的依赖性。

金融发展促进了地区新兴产业的整合与产业集群形成。首先,它通过促进技术进步加速关键企业的形成。在产业的成长中,关键企业往往是那些能够优先采用先进技术,并能够将科技成果转化为现实生产力的企业。它们能够创造更大的市场需求,具有持续的高速增长能力,而且还可以通过扩散效应,有效地带动相关基础产业和后续产业的发展。因此,关键企业对资本也具有强大的吸引力,但是它们所需要的巨额资本却往往受到传统融资方式的限制。金融的发展则适应了产业成长对资金的需求,极大地提高了生产的社会化程度,扩大资本集中规模,从而直接支持了关键企业的成长。其次,资本市场的重组功能可以推动资源向优势企业和产业聚集,迅速壮大企业,使优势产业在经济结构中的份额和影响力大大提高。这在资本市场上常见的股权转让和兼并收购中表现得尤为明显。最后,金融的发展推动了企业集团化、国际化的发展,组建集团内部的财务公司,为集团内部提供了连接纽带和控制手段。金融发展通过建立高效的金融体系,为产业成长提供了必要的金融资源配置和重组机制,并且通过打破部门、地区和国界的限制,加速了产业结构的调整。金融发展催生下的主导产业能够迅速有效地吸收创新成果,对其他产业的发展产生示范效应,能够通过产业链条带动相关产业的发展,促进生产要素的优化配置,真正实现产业整合功能。

五、通过金融创新防范、分散风险

一般认为,金融是高风险行业,同时又是追求最安全性的行业。技术创新活动通常带有很大的不确定性高风险性,如果创新成功将带来巨大收益,但是如果失败则会给创新企业带来难以承受的损失,有时甚至会导致企业的破产倒闭。金融体系的出现使创新风险能在不同的投资主体之间分散开来,如在技术创新的不同时期分别有天使投资、私募基金、风险投资基金、首次公开募股(IPO)等不同资金募集方式,这些投资的主体对风险的偏好有很大的差别,能分别适应技术创新活动不同阶段的风险分散需求。同时,金融部门还可以通过保险公司对高风险、高收益的新兴产业提供保险,以降低创业者的风险。而以风险投资基金为代表的风险投资机构,能较好地适应技术进步带来的投融资高投入、高风险、高收益的特点,推进产业技术结构的升级调整和高新技术产业的发展。国际贸易相对于国内贸易,有着更大的时间与空间矛盾,所受到的风险比国内贸易要多得多,主要有政治风险、经济风险、自然风险。政治风险主要指贸易伙伴国的政局动荡,如罢工、战争等原因可能造成货物受到损害或灭失;经济风险主要指汇率风险和通货膨胀风险;自然风险指在国际贸易过程中可能因自然因素,如海啸、地震等引起的风险,因此国际贸易面临的风险更大,对金融支持的需求更多。一国通过金融发展,能为国际贸易提供规避风险的金融工具与金融服务,如海上货物运输保险、出口信用保险、出口信用担保、贸易融资、买方资信调查等,可以有效地规避、减少国际贸易中的各种风险,促进国际贸易的发展。

此外,金融工具的流动性,能按照价格机制在风险和收益之间找到均衡点,优化投资者的投资行为。金融发展水平越高,金融工具越丰富,技术创新的风险分散机制就越有效。

六、通过支持技术创新与成果转化实现产业升级

产业结构升级的根本动力在于技术进步,必然需要数目庞大的资金投入,而金融推动技术进步的机制着重体现在其对技术开发融资的支持上。以技术创新及其应用作为资金流动的根本指向,可以使既定的实物资源有更高的产出。金融不但在源头上为发明创新提供资金支持,更重要的是金融支持使科技成果迅速传播和普及,并现实地转化为生产力,这是金融促进产业结构升级的一个重要途径。金融化程度越高,科技成果的国际传播速度就越快,这对于发展中国家利用后发优势通过引进外资和技术获得快速发展至关重要。为解决资金紧张的困难,除必要的减免税等财政扶持手段及企业自身积累之外,还需要依靠金融体制的发展。

熊彼特在论述创新与经济发展时认为,创新活动是一个国家经济发展的动力,银行的功能在于鉴别出最有可能实现产品和生产过程创新的企业家和项目(是从项目之中选择企业家,而不是从企业家之中选择项目),通过向其提供资金来促进技术进步。希克斯认为工业革命不是技术创新的结果,新技术的应用,需要大量的投资于特定项目和高度非流动性的长期资本,在缺乏金融市场的情况下,是办不到的。这样,技术创新本身不足以刺激增长新技术的应用,还需要流动性强的资本市场的存在。所以,工业革命只有在金融革命发生之后,才有可能发生。Levin 与 King 认为,良好的金融体系提高成功创新的概率。Solomon 与 Tadesse 认为,良好的金融发展能促进技术创新活动的长期化与稳定化。随着金融发展水平的提高、金融功能的不断完善及金融工具的越来越丰富,一国的整体技术水平会不断提升,进而提升本国在国际贸易中的技术比较优势。

金融发展促进技术创新和成果转化的作用表现在以下几个方面：一是通过融通资金促进技术创新。进行技术创新需要投入大量的资本，创新资本的规模一般远远大于创新企业自有资金的规模，如果没有商业银行、资本市场等融资渠道，创新企业的融资交易成本将是巨大的，并且融资的数目也是极其有限的。金融中介的出现特别是纳斯达克之类的为创新型企业提供融资的资本市场的出现，使创新企业融资的交易成本与信息成本大大降低，能有效地将资金从剩余方流入创新型企业。一国的金融发展水平很大程度上决定了一国储蓄的规模以及储蓄向投资转化的效率，金融发展水平高的国家通常能为技术创新提供有力的资金支持。二是通过金融激励促进技术创新。创新型企业中的核心人力资本即高层管理者以及核心技术骨干对技术创新的成败有着决定性的影响，能否对他们进行有效的激励就显得十分必要。然而一方面由于创新企业本身就受到资金的严格约束，另一方面由于技术创新的巨大不确定性，使这些企业的核心人力资本回报率无法用传统的企业一般资产收益率来衡量。因此，企业不可能采用高工资、高福利等传统激励手段进行有效的激励。资本市场的发展股票、期权等创新性金融衍生工具的出现，有效地解决了创新型企业核心人力资本激励的问题，目前在纳斯达克上市的企业中几乎都采用了有效金融激励手段。三是金融业的发展直接促进了技术的创新。自从20世纪50年代后期美国的银行业首次采用电脑来辅助银行业务进行数据的储存和处理后，信息技术便与金融结下了不解之缘。20世纪70年代各主要发达国家风起云涌的金融创新浪潮，首先就要归功于计算机等信息处理的技术和设备在金融界的广泛运用，它们是金融创新的物质保障。现代金融业不仅仅是资金和知识密集型的行业，更是高科技的行业。各大金融机构为提高产品和服务的竞争能力，纷纷投巨资提高业务的网络化、集成化和智能化，高科技技术和设备投资支出占总支出的比例逐年提高。随着电子货币和网络银行的兴起和推广，对网上支付和结算、网络安全、网上数据集成的要求也越来越高，金融行业的这种需求直接推动了相关信息产业的技术研发和创新。四是金融的发展为科技成果在区域间的传播开辟了道路。金融发展促进了资产在不同区域间的流动、重组，这种流动必然带来技术的空间转移，加快科技成果在区域间的传播。金融发展促进了股份制这一企业制度形式的普及，使科技成果的持有人可以用工业产权、非专利技术等方式出资，变为企业的股东，分享企业成长的收益。金融发展使得金融市场与商品市场、劳动力市场、技术市场成为完整的市场体系，这一体系所提供的运行机制更有助于促进区域经济技术合作的顺利实现。

七、降低信息成本的信息揭示机制

金融优化资本配置，促进产业结构调整是建立在一个重要的假设前提之上的，即金融体系能够对投资项目进行有效评估和甄别，以发现最具投资价值的行业和企业。金融中介的最新研究结果表明，金融机构在信息收集与处理方面具有专业优势和规模效益

(Diamond,1984;John Boyd,1986)。单个投资者没有时间、精力和方法对大范围的公司、市场状况进行信息的收集和处理高昂的信息成本使得投资不能流向实现其最高价值的地方。而金融中介专门从事信息的收集、处理工作,发展各种评估技术来甄别投资项目的价值,具有单个投资者无法比拟的专业优势和规模效益。金融机构的出现,降低了信息成本,提高了资本配置效率。

另外国外的研究还表明,股票市场也是信息生产和传播的重要载体。股票市场不仅是一个资金汇集的市场,同时也是一个信息汇集的市场。企业经营和行业发展的最新信息在股票市场最先得到披露(包括强制性披露和自愿披露),投资者获取信息的成本很低,从而提高了资本配置的效率(Merton,1987),促进了产业结构调整。

第二节 银行在产业结构调整中的作用和经验

一、银行和产业结构之间的互动关系

金融是现代经济的核心,在市场经济条件下,它是配置经济资源最重要的手段,金融资源的配置会对宏观经济运行状况和微观企业的运行效果产生重大影响。亚当·斯密在《国民财富的性质和原因的研究》中指出:"慎重的银行活动,可增进一国产业。"熊彼特在《经济发展理论》中进一步指出:"银行通过提供非正常信用,将社会储蓄资金以贷款的形式再分配,从而促进产业升级。"爱德华·肖的《经济发展中的金融深化》与罗纳德·麦金农的《经济发展中的货币与资本》等论著中对此类问题也有比较详细的阐述。他们的基本论断是一个国家或一个地区的经济发展归根结底是一个产业结构不断调整、优化和升级的过程,也是金融不断发展及体制变更的协调、优化过程。在这个过程中,金融深化起着至关重要的作用。

从银行与产业结构的互动性看,产业结构的良性程度影响着银行业的发展,银行业反过来也促进产业结构的优化升级。一方面,一个良性的产业结构构筑的经济发展平台,资源配置优化,产业间比例合理,产业内部发展均衡,银行对产业的支持就可以减少摩擦成本和风险系数,达到资源的有效配置。而资源的有效配置又促进产业在更高层次上的优化,从而形成螺旋式上升的态势。另一方面,产业结构调整虽然表现为各产业之间产出比例的调整,实质上却是社会资源在各产业间配置结构的调整。在现代经济中,社会资源必须通过货币资金的运动才能完成其在商品生产者之间的转换。银行作为组织社会货币资金流通的枢纽,在引导社会资金流动方面发挥着独特的作用,银行部门组织的

各项资金,经过科学、合理的运作,可以有效地引导投资投向,实现资源配置结构的再调整,从而达到促进产业结构调整的目的。银行在产业结构调整的资金运动中处于主导地位,是产业结构升级换代的重要推动力。两者只有形成良性互动,才能达到协调发展。

第二次世界大战后,产业结构在国际范围内经历了数次大规模的调整。实践证明,在市场机制和行政引导的协同影响下,大多数国家的产业结构调整达到了理想的目标,银行在其中发挥了灵活而重要的作用。总体来看,银行在调整产业结构过程中主要有以下四点成功经验。

（一）以增量投入和存量调整助推产业结构升级

德国金融系统在此方面有其成功之处。比如,为了做好鲁尔老工业区的产业结构调整,政府和银行10多年间先后增加投入250亿马克,帮助鲁尔工业区致力于产业结构调整和改造,取得了明显成效。近年来,德国通过对产业结构调整的重点行业和企业,实施大额的经济补贴以及兼并、重组,对传统产业进行优化升级,在产业结构调整中取得较好的效果,调整的结果使德国经济成为欧洲舰队的旗舰。在德国,政府和银行在资源配置上发挥着重要的作用,其主要是通过增量投入和存量调整相结合的方式,助推产业结构的升级。

（二）制定与产业政策匹配的信贷政策引导产业结构调整

这种银行支持模式在第二次世界大战后日本产业结构变化中的作用最为明显。第二次世界大战后,日本的产业政策逐步成熟,其总的指导思想是保护夕阳产业的结构调整,选择培植在国内外市场有发展前途的产业。日本对产业结构调整的银行支持,主要是通过国家制定和实施经济计划和产业政策,特别是对主导产业的扶持和保护政策以及对衰退产业的调整和援助政策。银行业根据产业政策的不同支持方向,适时调整信贷政策,引导产业投资结构,将企业经营活动纳入实现产业发展的轨道,从而推动产业结构的升级和合理化。

（三）以金融创新配合国家产业结构调整

新加坡金融监管部门积极鼓励银行业针对产业发展趋势进行体制创新和产品创新,达到了银行风险控制和产业结构优化的双赢。20世纪60年代以来,新加坡创造了世界经济发展史上的高增长奇迹,关键在于国家制定了从传统产业结构向劳动密集型,再向资本密集型产业结构转变的正确战略。银行围绕产业战略转移,积极创新与产业结构调整相适应的金融产品、金融政策,加大对出口加工型企业、基础设施建设等产业的信贷投放力度,引导产业结构的转型。在亚洲金融危机爆发后,银行又积极通过控制风险和金融创新相结合的方式,引导地区产业从劳动密集型和资本密集型向以知识与技术为主导的产业转变,取得较好成效。

（四）通过货币政策协助产业结构调整

中国改革开放以来经历了 6 次宏观调控。其中有 5 次紧缩型调控，在稳健的财政政策的配合下，我国银行业把握住货币信贷这个闸门，充分发挥金融调控在宏观经济中的重要作用。中央银行执行稳健货币政策的基本做法是，运用信贷规模和利率调控的松紧搭配组合，调整信贷供给。通过货币政策与产业规划和政策的协调，中央银行区别对待，控制中长期贷款过快增长，防止信贷资金流向部分盲目投资和重复建设行业，防止固定资产过快增长势头。商业银行实行"区别对待、有保有压"的产业结构调控政策，通过鼓励和限制性的信贷措施，促进国家产业结构的调整。

二、国外商业银行支持产业结构调整的经验

商业银行支持产业结构优化主要是通过实行信贷倾斜、优惠利率等方式，影响银行贷款流向，使资金流向支柱产业、新兴产业和具有发展潜力的中小企业。

在美国中小企业发展的金融支持中，美国政府对其政策性贷款数量很少，主要是向中小企业投资公司、风险投资公司等发放优惠贷款，再由后者通过低息贷款购买或担保公司证券的方式向中小企业提供资金，极大地促进了中小企业的发展。德国政府把资金援助作为其中小企业促进计划的主要支柱。资金援助的主要方式是低息贷款和信贷担保，除此之外政府还通过投资公司向中小企业投资。政府向中小企业提供贷款，德意志银行起主要作用。它通过地方商业银行放款给中小企业，地方商业银行获得低息的再筹款贷款，承担主要的债务拖欠风险。法国对中小企业金融信贷支持主要是通过地方投资公司给予优惠信贷，贷款总额不能超过投资总额的 70%。

日本银行通过对商业银行的窗口指导在控制信用总量的同时，指导贷款的使用方向，保证优先发展部门的资金需要。日本在第二次世界大战后通过金融监管使近 70% 的社会资金流入银行体系。在此基础上政府主导下信贷倾斜政策的实施保证了在市场金融领域重点企业和产业发展的资金供给，支持了政府的产业发展政策。另外，日本政府为了支持那些在市场竞争中处于劣势的中小企业发展，对其实行利率优惠政策，如这些企业可以按最低利率在国家专业银行或金融公司获得贷款。为促进高新技术产业的发展，日本政府对基础性研究的投资给予进一步的税收优惠待遇，对高新技术项目实行低息贷款，极大地推动了日本高新技术产业的发展。在韩国，由政府发起，组织国内各财团和企业多方筹资，成立数额高达 1 万多亿韩元的风险企业投资基金，为风险企业提供低息或无息贷款。

实际上，发达国家与发展中国家的商业银行对产业结构优化的支持措施是有差异的。一是美、英等发达国家更注重市场机制在资源配置中的基础性地位，金融支持机制的市场化特征更为显著，更重视金融市场在产业结构优化中的作用，政府对市场金融活

动不直接干预。美国产业发展中对中小企业的金融支持主要是为中小企业提供金融服务,如担保、资产证券化等,而非直接采取优惠利率的方式,充分发挥市场机制在金融支持产业发展中的作用。发展中国家主要依靠信贷利率、贷款投向进行直接和间接的干预为产业政策目标服务,政府对金融的干预较多,金融支持的手段也更直接。二是商业银行对产业结构优化支持的规模和范围存在差异。在发达国家,由于其经济政策的指导思想是将政府对市场的干预限制在最小范围,政府强调市场机制的作用,因而信贷倾斜、优惠利率等措施的规模和发展态势受到限制。相反,在发展中国家的经济发展过程中,信贷倾斜、优惠利率等政策的地位高,作用范围较大,政策性金融贷款在整个金融体系的贷款中占有相当大的比重。例如,1970年韩国用于支持出口产业和重化工业的政策性资金分别约占银行信贷总额的13%和22%。在新加坡和马来西亚,情况也大致如此。

三、银行在产业结构调整中的优劣势分析

(一)银行在产业结构调整中的优势

银行在促使国民经济迅速重建、复兴与起飞方面具有明显的积极作用。在产业结构调整中,其比较优势表现在以下方面:第一,政府借助银行体系,能够迅速贯彻自己的意愿,集中调度、运用资金,实现政府的总体产业发展战略。第二,在银行主导型金融模式下,所有权变更不作为控制企业的手段。一般企业只拥有少数相对稳定的主要投资者,包括银行和其他关系企业。在这种集中而稳定的股权结构下,各主要投资者之间为了共同的利益建立起相互监督、合作的关系。银行能为关系企业提供一揽子债务和股权资本,并在企业财务陷入困境时给予支持使企业免遭破产、兼并,为产业的早期发展和壮大提供了重要的制度保障。第三,能在组织水平上实现银行与公司间的信息共享。银行作为公司的大股东和债权人,能利用其优势,尽可能获得和占有全面的企业信息及其拟建项目的信息,最大限度降低放款风险,协调集团内或相关公司的投资计划,并通过事前治理、事中治理和事后治理对公司经理的行为进行有力的激励、监督和控制,促进企业的健康发展。

(二)银行在产业结构调整中的局限性

银行在产业结构调整中的比较优势和效率的实现,依赖于一个高度竞争的产品市场和良好的道德法治环境。在目前的情况下,由于存在银行内部控制的公司治理结构,给产业结构的调整带来一定的非效率。第一,它抑制了资本市场的成长,从而使银行和企业在一定程度上失去独立性和灵活性。各经济主体为了维持长期合约,一些缺乏效率的企业或项目难以淘汰,对这部分资金进行重新配置相对缓慢,因此存在对低效项目过度投资的倾向,加剧了产业调整的刚性。第二,它导致企业信息具有内部占有性特征,使交易缺乏透明度,并最终影响资本配置和利用的效率与收益。在这一模式下,银行、企业间

的相互交叉持股往往会被排斥,外部股东的利益易受到损害,由于企业能够抗拒来自资本市场的并购威胁,会降低企业改善竞争力的动力,使产品市场缺乏竞争。同时,在一些寡头垄断和缺乏竞争的产业中,公司的决策缺乏有效的评价和检验机制,造成权力滥用和低效。这些缺陷对产业竞争优势的形成十分不利。

第三节 证券市场融资对产业结构调整的效应

一、两种相反的观点

证券市场融资对产业结构影响的问题在发达国家并不是很突出,因此很少见到直接研究产业结构与证券市场的文献。早期,殷醒民(1997)通过对1996年上海证券交易所上市公司股票的制造业结构分析发现,上市公司通过资本市场发行股票来募集资金的实际效果是加剧了制造业资金的分散化,并且认为股票市场与国家的产业政策基本上没有联系。韩立岩、蔡红艳(2002)运用Jeffrey模型度量了我国20世纪90年代各年资本配置效率,检验结果表明多数年份行业资本流动与其盈利能力无关。基于Jeffrey Wugler的资本配置效率模型,蔡红艳、阎庆民(2004)还度量了行业成长性,研究发现我国产业结构调整中各行业成长性的此消彼长并未在资本市场中得到体现,而低成长性行业的资本流动中,政府的非市场化扶持力度起着更大的作用。我国金融市场中的资本流动存在着明显的扶持落后行业的非市场化行为,其结果必然是我国工业产业中高成长行业无法有效继续成长,而低成长行业依然在衰落、亏损中徘徊,导致整体工业的竞争力减弱。潘文卿和张伟(2003)运用我国1978—2001年28个省区的数据发现,中国股票市场的筹资行为与资本配置效率基本呈正相关或不相关。但是,玉兰军(2003)、王军、王忠(2002)、朱建民、冯登艳(2000)等人的研究表明,在一国产业结构调整优化过程中,证券市场以其筹资、促进经济要素合理流动、提高资源配置和利用效率等功能扮演着极其重要的角色。我国证券市场的发展改变了企业传统的融资方式和经营机制,不仅帮助近千家企业通过融资上市、改制,还通过资本运营提升了产业集中度,对技术改造、产业升级、结构调整起到了催化作用。

二、证券市场推动产业结构调整的效应

证券市场对产业结构的影响是从两个层次的市场上反映出来的。一是通过一级市

场新发证券调整产业增量结构,二是通过二级市场资产重组调整产业存量结构。在一级市场上,管理层通过对新股上市的计划控制,可以按产业结构调整要求和产业发展方向进行有序扩容,扶持新兴产业部门、瓶颈行业中的企业优先上市,将资金优先配置到这些企业,使它们迅速发展,从而实现产业结构优化,达到政策目标。另外,由于公司上市后,其业绩达到一定标准可通过配股进行股本扩张,管理层可通过对其配股行为进行政策引导,以达到既鼓励优势企业快速发展又使增量资本流向政策导向的行业中去的目的。另外,在二级市场中,企业之间可以通过参股、控股、并购等形式实现存量资产的重组。由于企业间的改组与重构是建立在市场机制的基础上,从而使调整更有效。

金融市场为产业结构调整及时提供信息、加快技术创新、促进企业重组。产业结构的调整依据资源的社会供给与社会需求的变动,而这变动无疑是中国产业结构调整表现出来的日趋复杂的信息结构。而金融市场的构成部分之一,证券市场对于信息的灵敏性、传递的有效性能较好地解决产业结构调整过程中信息的依据,并据此引导资本的流向,同时金融市场加快技术创新。而今,以技术进步推动产业升级是产业结构调整中的重要内容。但是技术的创新与商业化是一项不确定性强、商业风险性极大的活动,而创新性企业规模小、发展前景不确定,资信程度低且缺乏担保资产,很难从银行等金融中介机构筹措到大量资金。资本市场则正好解决了这个问题,尤其是风险投资市场,不仅为高新技术产业提供资本,而且推动这些技术创新渗透到相关产业,从而带动整个产业结构的调整,纳斯达克市场就是典型的例子。除此之外资本市场还促进了企业重组。目前,一场世界范围内的大规模企业结构整合,无论是收购还是重组,大多是通过公募或私募资本市场进行的。尤其是风险投资资本市场较好地解决了知识产权的价值和企业资产价值的市场评价、股权的可交易性、投资风险的分散等问题,使企业重组的道路更畅通。

在发达国家,成熟的证券市场以其独特的方式影响着产业结构,对产业结构优化起着重要的作用。为了鼓励中小企业到资本市场直接融资,美国政府专门在股票市场上设立二板市场,即纳斯达克股票市场(NASDAQ),降低发行股票与上市交易的门槛,为小型科技企业提供了一条直接融资渠道。小企业可以通过该市场发行股票,获得发展资金。到1999年底,美国92%的软件企业、82.9%的计算机制造企业得到过该市场的支持。

20世纪90年代以后,英国、德国、法国等发达国家也相继建立了自己的二板市场,为中小企业的发展开辟了新的融资渠道,对促进本国中小企业尤其是科技型中小企业的发展发挥了重要作用。另外,发达国家证券市场上,并购涉及行业广、交易规模大、跨国并购呈上升趋势,大大提高了产业的集中度。

为拓宽中小企业的融资渠道,日本在直接融资领域设立专门的二板市场。日本的二板市场最早出现于1973年,1981年演变为高风险企业和中小企业上市的市场,包括佳斯达克市场(JASDAQ)和东京证券交易所的新兴成长公司市场。日本设有中小企业柜台市场,以为大量不能在证券交易所上市的中小企业提供融资便利。韩国于1996年建立自动报价系统(KOSDAQ),支持高科技新兴公司以及小企业融资。但是,还有很多发展中国家的中小企业缺乏直接融资的市场。另外,发展中国家的并购数量和规模虽有所提高和扩大,但涉及行业、交易规模仍远小于发达国家,且并购在一定程度上受政府的影响。

三、证券市场在产业结构调整中的优劣势分析

从国际经验看,股份制和资本市场本身的起源和发展与现代工业的兴起和产业结构的更迭有着密不可分的联系。1870—1920年,西方主要工业国的金融证券率和国民生产总值证券率分别为12%和8%,而这一时期产业结构的层次也相对较低,处于由农业经济向工业经济过渡的阶段。1920年后,随着第一产业的就业比重降至5%、第三产业升至50%,金融证券率与GNP的证券率也分别达到50%和80%以上。资本市场发展本身孕育着推动产业结构升级调整的有效机制。

(一)证券市场在产业结构调整中的优势

与银行机构比较起来,证券市场对于产业结构调整具有以下几点优势。

第一,正是借助股份制和资本市场的资金集中及风险分散机制,现代产业发展中所需的单个资本(企业和银行)难以承担的巨额投资及风险的难题才得以化解。

第二,资本市场的资金流动性和产权明晰化,能有效解决产业结构调整升级中的资产专用性和体制进入壁垒等矛盾。首先,证券把物质上不可分、位移上受时空限制的经营财产实体,裂变为可进行代数加总和可不断交易流通的财产单位,一定程度上克服了资金要素流动中的资产专用性障碍;其次,多种形式证券的发行,包括投资基金等金融工具的出现,能广泛调动社会投资,打破分散小额资本进入某些产业部门的规模壁垒;最后,资本市场分散风险的特性及发达的信息机制,也有利于提高产业结构调整的效率和效益,减少调整过程中的经济震荡。

第三,资本市场和股份制的发展,规范了企业产权制度,使之有可能根据市场规则行使法人财产权,进行多种形式的资本经营活动,推动存量资产重组和产权交易,有利于克服产权障碍,促进活化资产存量,推动产业结构升级。

(二)证券市场在产业结构调整中的局限性

不可否认,证券市场在调整产业结构过程中也有其局限性,这主要表现在以下几个方面:

第一,由于缺乏完全有效的公司治理机制,将非执行董事、管理者的利益与投资者的利益直接协调一致委托代理问题的出现,导致决策者缺乏产业创新的内在动力。

第二,高度流动的资本市场会鼓励投资者的短视行为,使所有权进一步分散,股东对企业缺乏长期投资意愿,不满意的投资者很容易迅速出售股权,降低了投资者通过监督管理者和公司业绩,推进企业加快产品结构升级调整的外在压力。

第三，以市场机制为基础的接管兼并加剧了企业运作的不稳定性。在美国，由于企业股东不直接参与企业管理、不享有企业治理报酬，试图获取公司控制权的投资者可以许诺给予股东足够大的控制报酬，从而劝说其出售股份，而频繁的接管兼并方式往往会损害企业的长期发展战略。

第四节 市场主导与政府主导的作用比较

无论是银行主导的金融体系，还是证券市场主导的金融体系，根据政府在其中所发挥的作用大小不同、对金融活动的控制程度不同，都可以分为市场主导和政府主导两种情况。这两种情况在产业结构调整中的作用也有所不同。

一、以美国、英国为代表的市场主导型金融模式

美英国家崇尚自由市场经济和自由企业制度，突出强调市场力量对促进经济发展的作用，在产业调整的过程中，主要借助市场力量使生产要素合理配置，从而使产业结构合理化。市场主导型金融模式又可分为银行主导型和资本主导型两类。银行主导型模式强调作为基本生产主体的企业，在融资结构上，流动资金与固定资产投资主要以银行来实现。而在资本主导型模式中，企业自源融资比例较高、债务流量和存量水平较低，外部融资主要来自有组织的市场上发行证券，从金融中介取得的信用不具有重要的地位，银行以提供短期信用为主，主要用于企业的周转资金。因此，就市场主导型金融模式而言，它是以商业化的金融机构和金融市场为依托的。首先，金融机构根据其自身的利益要求和收益性、安全性、流动性的原则，对竞争性行业的投资项目进行评估筛选。其次，它们根据金融市场上资金供求决定的利率和收益水平，实现资金从低效向高效部门和企业转移，提高产出结构水平和效益。最后，通过一定的组织制度，金融机构对资金使用企业进行经济控制与监督，增进企业的信息沟通，减少资金配置中的盲目与短期行为，提高投资收益。

二、以日本、韩国为代表的政府主导型金融模式

日本在第二次世界大战后经济腾飞的原因之一，就是包括政府指导下一系列强有力的产业政策和金融体制。日本、韩国等国家由于缺乏良好的市场体制和金融基础，经济发展又存在巨大的资金缺口，产业发展和经济结构的调整不能完全依靠市场机制，而需

要政府运用积极的产业政策来实现经济赶超，提高产业的国际竞争力。在日本、韩国的经济发展中，产业政策发挥了重大作用。在产业政策的工具体系中，金融是极其重要的工具之一，是政府集中社会资源贯彻产业政策的重要手段。从"二战"后至今，日本、韩国产业政策的内容和目标不断调整变化，金融支持的方式和重点也随之进行调整，但政府主导始终是其金融支持机制的主要特征。政府主导型金融模式主要实现对资金导向的倡导机制与矫正补充机制，可分为政策引导型和直接投资型。前者强调政策的引导，通过实施一定的金融政策，实现货币政策与产业政策的相互协调，实现资金倡导的功能。而后者则强调各国发展中都有若干重点产业或新兴产业，它们对经济发展至关重要，但这些行业往往资金需求量大、投资回收期长、风险高，私人金融机构难以承担其融资，政策性金融方面也往往直接参与资金的配置，也称为直接投资型政策性金融。为此，可由政府出面建立一些官方或半官方的政策性金融机构，向私人（民间）金融机构不愿提供资金、无力提供资金以及资金不足的重点、新兴部门进行投资和贷款。

三、市场主导型金融模式与政府主导型金融模式的差异

市场主导型金融模式与政府主导型金融模式都是在市场经济体制基础上进行的，但金融模式的机制、方式、范围等有差异。美、英等国更注重市场机制在资源配置中的基础性地位，更重视金融市场在产业发展、产业组织合理化中的作用，而日、韩等国更依赖银行体系，政府对银行体系控制较多，形成了政府主导的以间接融资为主的金融支持产业政策的机制。美、英等国金融支持方式以间接手段为主，如担保、资产证券化等，而非直接注资，在产业组织合理化方面，主要通过反垄断和消除不平等竞争等间接方式为其创造公平竞争的环境。而日、韩等国则以直接手段为主，不论在市场金融领域，还是在政策金融领域，政府对金融的干预都较多，金融支持的手段也更直接，主要体现为直接对鼓励发展的产业和企业进行贷款。市场主导型金融模式国家政策金融的支持范围较小，其资金基本上是根据资金需要，通过发行债券从市场上筹措，政府视需要提供补助，这有利于保持一个合理的政策金融规模。而政策金融是政府主导型金融模式国家产业政策工具体系中的重要内容，规模较为庞大，支持的范围也较广，侧重于区域开发和经济结构的优化，因此，也容易与民间金融产生竞争。

第七章 "一带一路"倡议对民族地区金融业的需求

第一节 "一带一路"倡议为民族地区发展提供了机遇

"一带一路"倡议是以习近平总书记为核心的党中央提出的惠及东南亚、南亚、西亚、北非、欧洲沿线各国,应对全球金融危机,谋求经济持续发展的宏大战略构想。"一带一路"东连亚太经济圈,西系发达的欧洲经济圈,覆盖了60余个国家,涉及近50亿人口,被认为是"世界上最长、最具有发展潜力的经济大走廊"。这一地区地域辽阔,有丰富的自然资源、矿产资源、能源资源、土地资源和宝贵的旅游资源,被称为21世纪的战略能源和资源基地。不过,由于该地区交通不够便利,自然环境较差,经济发展很不平衡,存在着两边高中间低的现象,即欧洲和中国的东部地区经济发展水平相对较高,而广大的中国西部地区和西亚、北非以及东南亚和南亚的部分地区经济发展水平较低。

按照规划,"一带一路"在中国覆盖了十六个省、市、区,也就是说,"一带一路"沿线正好包含了内蒙古、新疆、宁夏、广西、青海和云南等传统的中国经济发展相对落后的民族地区。因此"一带一路"倡议的实施不仅为民族地区人民脱贫致富和经济腾飞提供了机会,更体现出民族地区在中国国家整体战略中的地位和作用。

一、有利于地区间协调发展

改革开放40多年来,我国综合国力得到巨大提升,但由于实行的是非均衡发展战略,虽然在西部也实行了大开发和援藏、援疆等措施,但总体来看,广大的西部民族地区经济发展仍然比较落后,东西部的差距在扩大。通过实施"一带一路"倡议,采取强有力的措施实现西部经济发展,是实现我国整体社会经济长期、协调、可持续发展的重要条件。

二、关系国家稳定和边疆安全

我国少数民族大部分聚集在"一带一路"所覆盖的边疆地区,如我国陆地边境线22000千米,民族地区占86.14%(19000千米),其中西部民族地区位于中亚、西亚、西伯利亚的接合部,与蒙古、俄罗斯、哈萨克斯坦、吉尔吉斯斯坦、塔吉克斯坦、阿富汗、巴基斯坦、印度、尼泊尔、不丹、缅甸、老挝、越南等国家和地区接壤,有相当一部分跨界居住,边境线长达16537.145千米,是东亚地区通往中亚、西亚、南亚和东南亚以及蒙古、俄罗斯的陆上必经之地。而且所覆盖的边疆地区已经形成了"亚欧大陆桥"的铁路通道,战略地位十分重要。此外,全国135个边境县中有107个在民族地区;边境2100多万人口中,近一半是少数民族;有31个民族与国外同一民族跨界而居。长期以来,国内外敌对势力一直企图利用民族和宗教问题对我国搞颠覆和分裂活动,我国民族地区的人民为巩固国防和维护祖国的安全做出了巨大的牺牲和贡献。因此,从维护民族地区政治社会稳定和边疆安宁的需要出发,我国必须着力发展民族地区经济。只有经济发展了,各民族共同富裕了,社会进步了,才能为挫败国内外敌对势力的阴谋、实现民族团结和巩固边疆奠定坚实的物质基础,为全国的现代化建设提供稳定的政治和社会环境。

三、实现全国经济社会可持续发展的客观需要

西部民族地区位于我国大江大河的上游、中亚荒漠区的东部边缘,是全国重要的生态屏障。然而民族地区环境承载能力差、生态环境脆弱,且工业化和产业化发展能力有限,仍以靠天吃饭的农业为主。这种不合理的资源利用形式也使民族地区的环境陷入了恶性循环。一方面民族地区特别是西部民族地区生态环境趋于恶化、水土流失严重、水资源短缺,这些因素严重影响并制约着民族地区的经济社会发展;另一方面,西部民族地区生态环境脆弱,又危及东、中部的生存环境,制约全国经济社会发展。由此可见,民族地区的生态环境状况不仅与区域内的生态安全、民族生存和发展息息相关,而且还与整个国家的生态安全息息相关,与中华民族的生存和发展息息相关。抓住"一带一路"倡议实施的历史机遇,加快民族地区经济发展,转变民族地区产业模式,事关全国经济社会发展大局,是保障国家生态安全和保护生物多样性的需要,也是保障国家经济安全和长远发展的需要。

四、民族地区经济发展也是实施"一带一路"倡议的必然要求

2013年9月7日,习近平总书记在哈萨克斯坦纳扎尔巴耶夫大学演讲时表示,"为

了使欧亚各国经济联系更加紧密,相互合作更加深入,发展空间更加广阔,我们可以用创新的合作模式,共同建设丝绸之路经济带,以点带面,从线到片,逐步形成区域大合作"。同年10月3日,习近平在印度尼西亚国会发表演讲时表示,中国愿同东盟国家加强海上合作,使用好中国政府设立的中国—东盟海上合作基金,发展好海洋合作伙伴关系,共同建设21世纪海上丝绸之路。由此可见,古代的丝绸之路是商贸之路,而今天的丝绸之路则把经贸合作放在重要位置。通过"一带一路"倡议的实施,中国将与沿线国家对接发展战略,推进贸易、产业、投资、能源资源、金融以及生态环保的合作,深化城市、港口、口岸、产业园区的合作,并培育新的经济增长点,以协助当地增加就业、增强可持续发展能力,实现中国与沿线国家的共同发展。显然,这些合作都是建立在经济发展和互联互通的基础之上的。相对落后的我国民族地区经济在一定程度上影响着互联互通,同时也对互联互通提出了具体的要求,只有民族地区有了一定的发展,才有可能实现经贸合作所必需的条件。

第二节 "一带一路"倡议与民族地区产业结构调整

一、民族地区要做好承接东部地区产业转移的工作

习近平总书记提出"一带一路"倡议之后,2014年,在各省份的地方两会上,都提出了将借助"一带一路"倡议加速推进企业"走出去"。国务院总理李克强召开国务院常务会议做出部署,要加大金融支持企业"走出去"力度,以推动稳增长调结构促升级。对大型成套设备出口融资政府应保尽保,鼓励商业银行加大对重大装备设计、制造等全产业链的金融支持,推进外汇储备多元化运用,发挥政策性银行等金融机构作用,吸收社会资本参与,采取债权、基金等形式,为"走出去"企业提供长期外汇资金支持。

李克强指出,中国的很多产能,虽然对于国内富余,但在国际市场上,则是性价比非常高的优质产能。当前,世界经济复苏乏力,加大金融支持力度,对于中国装备"走出去",具有重要意义。要拓宽融资渠道,探索PPP(政府与社会资本合作)、BOT(特许权协议)等投融资模式,还要推进外汇储备的多元化运用。

值得一提的是,中央经济工作会议明确提出,优化经济发展空间格局,其中要重点实施"一带一路"、京津冀协同发展、长江经济带三大战略。业内人士普遍认为,"一带一路"将成为国内过剩传统产能向外转移,外汇储备成为助力中国企业"走出去"的有力抓手。

当前,我国经济发展已进入新常态。社会主义经济新常态内涵不仅体现出市场经济

运行客观规律，更体现出优化结构、稳定增长、政府顶层设计的战略意义。基于顶层设计而实施的"一带一路"倡议对于解决产能过剩问题、优化经济结构和行业布局、拓宽我国战略空间、促进区域稳定繁荣、推动全球经济发展具有重大意义。

2015年3月，国家发展改革委、外交部、商务部联合发布的《推动共建丝绸之路经济带和21世纪海上丝绸之路的愿景与行动》对西部民族地区在新的战略下的定位提出了具体要求，涵盖了绝大部分西部民族地区，并明确提出"发挥新疆独特的区位优势将新疆打造成丝绸之路经济带核心区""发挥广西与东盟国家陆海相邻的独特优势，打造西南、中南地区开放发展新的战略支点，形成21世纪海上丝绸之路与丝绸之路经济带有机衔接的重要门户""使云南建设成为面向南亚、东南亚的辐射中心"。在国家"一带一路"倡议的背景下，西部民族地区迎来了最好的发展时机。

二、民族地区要做好特色资源开发

作为"一带一路"倡议的主要参与者和受益者，西部民族地区具有丰富的自然资源、生物资源、人文资源，是我国重要的战略资源的储备和保障区。国家二分之一以上的煤炭、天然气储藏于此；镍、铬、铅、锌和铝土等矿产资源储量达全国一半以上；风能、水能、生物资源的人均占有量均显著高于全国平均水平。在"一带一路"倡议背景下，西部民族地区应利用自身独特的区位优势和资源禀赋优势，打破传统资源转换能力薄弱的困境，利用好大力发展基础设施和发展高新技术的优惠政策条件，引进和培育先进技术，形成具有民族特色的资源开发方式，发展人无我有、人有我优的别具一格的优势资源产业。在能源矿产资源富集区，西部民族地区要提高资源利用效率，建立以优势资源开发利用为主导的产业体系，加大煤炭、石油、金属矿等传统能源资源勘探开发合作，科学规划和引导资源有序高效的开发，使开发和治理一体化进行。在旅游资源丰富地区，政府可以引导具有民族特色的旅游资源开发模式，将发展旅游业与传承少数民族文化相结合，开发具有潜力的少数民族地区特有的人文景观、自然景观及民俗风情等旅游资源，并突出民族文化特色，挖掘民族地区的原生态生存环境、民族歌舞风情、原生态文化资源，打造具有丝绸之路特色的国际精品旅游路线和旅游产品，促进民族特色旅游产业的快速发展。

三、民族地区要做好特色工业化发展

西部大开发实施以来，西部民族地区工业化进程加速，工业总产量不断增长，但由于受制于地理偏僻、交通闭塞、信息落后等不利条件，与东部发达地区相比，差距依然较大。其工业化基础十分薄弱，经济结构升级中存在诸多问题。在"一带一路"倡议背景下，西部民族地区应利用好当前扶持政策，明确自身定位，切实采取措施，利用国家在基础设施、金融、贸易等领域的优惠政策及与"一带一路"沿线国家的贸易合作机会,推进工业化发展进程;努力挖掘民族地区的自然资源和劳动力资源,推进具有民族特色的新型工业化道路,实现优势资源向优势产业的转变。西部民族地区应利用"一带一路"交通、能源、通信等基础设施与全国的连通带动产业结构优化升级,运用高新技术改造和提升传统产业,加快发展现代服务业鼓励科技创新,打造具有持久竞争力的特色优势产业。同时,推进西部民族地区新型工业化进程应注重工业化和信息化协同发展。随着国内信息化的发展,尤其是在"互联网+"的政策利好条件下,西部地区具有明显的后发优势,应积极适应信息化的高速发展,加大信息基础设施建设的投入,用信息化改造提升特色优势产业和传统产业,真正实现以信息化带动工业化,实现西部民族地区工业化的跨越式发展。

第三节 金融(资金融通)是互联互通的重要内容

"一带一路"倡议构想是一个宏大的工程,如何迈出第一步具有非常关键的意义。作为推进"一带一路"倡议的有力抓手,习近平总书记进一步提出了"互联互通"的构想。

2014年11月8日,习近平在其倡议召开的"加强互联互通伙伴关系对话会"上,不仅完整阐述了互联互通的内涵,而且非常明确地将"资金融通"定义为互联互通的五大内容之一,他说:"我们要建设的互联互通,不仅是修路架桥,不光是平面化和单线条的联通,而更应该是基础设施、制度规章、人员交流三位一体,应该是政策沟通、设施联通、贸易畅通、资金融通、民心相通五大领域齐头并进。这是全方位、立体化、网络状的大联通,是生机勃勃、群策群力的开放系统。"

习近平总书记同时对互联互通与"一带一路"之间的关系做了明确而深入的阐述。他说,共同建设丝绸之路经济带和21世纪海上丝绸之路与互联互通相融相近、相辅相成。如果将"一带一路"比喻为亚洲腾飞的两只翅膀,那么互联互通就是两只翅膀的血脉经络。他指出,要建设融资平台,打破亚洲互联互通的瓶颈。为此,中国将出资400亿美元成立丝路基金。要以交通基础设施为突破口,实现亚洲互联互通的早期收获,优先部署中国通向邻国的铁路、公路项目。

2014年11月11日在亚太经合组织(APEC)领导人非正式会议上,国家主席习近平又提出了亚太自由贸易区(FTAAP)发展设想《亚太自贸区互联互通蓝图》,作为领导人会议宣言的附件之一向社会发布。"蓝图"对硬件、制度、人员全方位互联互通给出了时间表,并明确提出在"硬件联通"方面,重点改善投资环境,通过公私伙伴合作关系及其他渠道加强亚太经合组织经济体基础设施融资。在软件联通领域,将解决贸易便利化、结构和规制改革、交通和物流便利化等领域的重大问题,进一步推动《亚太经合组织供应链联通框架行动计划》,系统提高供应链绩效。

互联互通的意义在于依托陆上国际大通道和海上重点港口城市,打造国际经济合作走廊,通过与中亚、东南亚乃至欧洲、非洲在交通基础设施的深度联动,促进中国与沿线国家和地区在经贸、服务、技术、人文等层面的广泛交流,为我国周边安全和政治利益提供保障。这一倡议的实施,将为我国基础设施生产能力和装备拓展海外市场,输出资本与消化过剩产能并行,提升我国在区域经济中的影响力,为促进区域经济一体化发挥作用。从经济上讲,互联互通就是要为资本、劳动力、技术、信息、服务等生产要素的通畅流动创造条件。生产要素在不同国家或地区之间的流动会提升资源配置的效率,提高一国或地区的福利水平。不同国家间的政策壁垒、基础设施薄弱等所导致的运输成本差异等因素,都会导致要素的国际流动成本增加。"互联互通"倡议就是要在减少要素流动成本的基础上,促进各国经济的交流与合作发展。

第八章 民族地区产业结构优化的金融服务体系探讨

第一节 民族地区金融服务体系现状及问题

"一带一路"倡议不仅为沿线国家和地区，更为我国相对落后的民族地区的发展创造了千载难逢的机遇。不同国家和地区之间的经济合作与发展需要互为条件、互相补充、相互促进，包括我国西部民族地区在内的经济发展相对落后地区虽然有着强烈的发展愿望、合作需要，但合作与发展的条件却不足。这些条件从表面上看是交通等基础设施，是经济发展的水平低下，但从根本上讲则是人才和资金的缺乏，是金融资源的欠缺。前面我们说过，人类社会已进入金融经济时代，金融不再仅仅是生产的一个普通要素而已，它已成为战略资源。也就是说，金融在当代经济发展中起着决定性作用。一个地区的落后，肯定表现为金融的落后，而一个地区经济的起飞，也肯定表现为金融的促进。从我国相对落后的民族地区来看也恰恰证明了这一点。我国西部民族地区的金融业表现为各级管理者认识不到位、金融资源缺乏、金融排斥严重。

一、管理者认识不到位

管理的作用无须赘言，中国各级政府，包括上层政府部门在决定一个地区经济发展中的作用也毋庸置疑。我们所说的对民族地区金融业的各级管理认识不到位，直接表现在相关的政策支持不到位上。

2012年9月17日正式发布的《金融业发展和改革"十二五"规划》（以下简称《规划》）是经过国务院审批的，"十二五"国家专项规划是党中央提出全面建设小康社会战略目标和科学发展观以来编制的第二个金融中期发展改革规划。《规划》在总结"十一五"时期中国金融业改革与发展的经验和成就的基础上，根据国家"国民经济与社会发展第十二个五年规划纲要"的精神，结合当前以及今后一段时间内面临的挑战和问题，提出要"加大对薄弱领域的金融支持"。但综览全文，占我国国土面积三分之二的民族地区作为我国经济和金融业发展的薄弱区域，其重要的战略意义在《规划》中体现得并不充分，甚至完全没有提及。实际上，由国务院办公厅印发的《少数民族事业"十二五"规划》虽然认为少数民族事业是"党和国家坚持与完善民族区域自治制度，加快少数民族和民族地区发展，保障少数民族合法权益，巩固和发展平等、团结、互助、和谐的社会主义民族关系，促进各民族共同团结奋斗、共同繁荣发展的一项综合事业"，但在第三章政策措施中提到的十项政策，其他九项基本上都采用了"加大""加强"的字眼，唯有金融政策是鼓励，即"鼓励金融机构在满足审慎监管要求和有效防范风险的前提下，在民族地区设立分支机构，加大金融服务力度。鼓励商业银行重点支持有利于扩大就业、有偿还意愿和偿还能力、具有商业可持续性的民族地区中小企业、民族特需商品生产企业的融资需求""鼓励民族地区县域法人金融机构吸收的存款主要用于当地发放贷款"。虽然也提出"扶持民族地区妇女通过小额担保财政贴息贷款实现创业就业""加大对民族地区基础设施、特色农牧业、能源、环境保护、教育、文化产业、医疗卫生等重点领域的信贷和金融服务支持力度"，但显然这些行业都不符合"有效防范风险""有偿还意愿和偿还能力、具有商业可持续性"的要求，这样，就使对民族地区的金融支持政策变为纯粹的鼓励。

事实上，落后的民族地区连经济的自我发展能力尚且不足，如果支持经济发展的金融政策仅仅停留在鼓励的层面，民族地区人民脱贫致富主要依赖财政转移支付式的无偿援助，那么，民族地区的发展就会遥遥无期，东西部差距的缩小的目标就可能落空，和谐社会的建设目标也就很难实现。因此，有必要在真正了解民族地区金融业的现状的基础上，充分认识发展民族地区金融业的意义，为民族地区金融业的发展，特别是为发挥金融在民族地区经济社会发展中的作用采取切实可行的措施。

二、金融资源缺乏

金融资源，是金融领域中关于金融服务主体与客体的结构、数量、规模、分布及其效应和相互作用关系的一系列对象的总和或集合体。近十多年来，由于实行市场化改革，趋利性增强，使民族地区金融资源呈现出机构数量减少、机构分布不均、存款资金外流（包括农村流向城市）、居民信贷渠道狭窄且成本高、企业缺乏融资渠道等特征。

第一，机构总量大大减少。我们选择五大自治区中经济发展最好的内蒙古和经济发展偏差的新疆为研究对象，分析了其2006—2012年金融机构的数量变化情况。统计数据表明，虽然内蒙古自治区近些年经济发展较快，但金融机构数量减少也很快，2008年跌至最低，从2006年的5288家减少到4351家，减少了17.72%。虽然2009年至2012年每年都略有回升，但与2006年相比，仍有近54家的差距。其中，国有商业银行呈现先降后升的趋势，从2006年的1717家减少到2010年的1576家，虽然2011年与2012年有所回升，但仍低于 2007 年的数量；就连通常认为是农牧民自己的银行的农村合作金融机构，这些年也明显减少，从 2584 家降为 2391 家，减少 7.47%。其间，虽然股份制银行机构大幅度增加，但无奈基数太小且股份制银行理所当然以利润为经营目标，不可能填补国有及合作金融机构撤并后的空白。而政策性银行一直保持在 85 家的水平，似乎没有减少。但实际上，作为经济发展薄弱环节的民族地区正需要国家政策的大力扶植。近些年国家整体经济发展很快，本可以给民族地区以更多的政策性金融支持，在政策性扶持体制未变的情况下，政策性支持的加大必然意味着政策性银行的覆盖面应该更广、机构应该更多。如此说来，政策性银行虽无减少，犹如逆水行舟，不进就是退了。同一时期，新疆与内蒙古的金融机构数量变化总体情况基本一致，但具体分析又有差异，表现为新疆地区的金融机构不仅在总量上，而且在不同类型上，几乎都呈现出全面减少的趋势。国有银行从 1318 家减少到 1173 家，减少 145 家；农村合作金融机构从 1148 家减少到 1124 家，减少 24 家；股份制银行从 42 家微升到 48 家，政策性银行从 92 家减少为 91 家。

第二，金融机构分布极不均衡。这表现在两个方面：一是从全国来看，西部民族地区金融机构数量偏少。据统计，2009 年，全国各地区各类银行业金融机构 18.9 万个，其中东部地区占 39% 左右，广大的西部地区只占 27%。二是即使在民族地区，金融机构主要分布在大城市，准确地说，就是经济相对发达地区。以服务国际贸易的中国银行为例，虽然五大民族自治区域主要分布在西部边疆，有着发展国际贸易的先天条件，但银行网点分布极不均衡。内蒙古地区共计中国银行网点 272 个，其中呼和浩特市占 63 个，包头占 49 个，其余盟市网点均少于 30 个；新疆共计中国银行网点 173 个，其中乌鲁木齐市占 49 个，克拉玛依市和伊犁哈萨克自治州均为 15 个，石河子市 14 个，喀什地区 13 个，昌吉回族自治州 12 个，这 6 个大城市和自治州已经占总网点数的 68%，剩余 12 个自治州和地区网点缺乏，五家渠市和图木舒克市网点数量为零；宁夏有中国银行网点共计 67 个，其中银川市就有 42 个，已占总量的 62.69%；西藏有中国银行网点共计 23 个，主要分布在拉萨（15 个）；经济较为发达的广西壮族自治区有中国银行网点 252 个，虽然在五大民族自治区中数量居次，但分布也不平衡，仅南宁市就有 66 个网点，其次是桂林市和柳州市。

再以传统上服务农业和农村经济的中国农业银行为例，内蒙古自治区共有网点 550 个，主要分布在呼和浩特、包头、赤峰、鄂尔多斯和呼伦贝尔，其余盟市网点都较少；新疆有中国农业银行网点 617 个，主要集中在乌鲁木齐、伊犁、巴州；宁夏有中国农业银行网点共计 220 个，首府银川市就有 98 个，已占 44.55%；广西共有中国农业银行网点 841 个，仅首府南宁市就有 144 个，桂林、柳州和玉林分别有 119 个、105 个和 76 个，其余 10 座城市网点数量均在 40 个左右，防城港市最少，为 18 个。

第三，金融资源外流严重，形成了民族地区的真空地带。这里的金融资源外流既包括民族地区金融资源外流，也包括民族地区广大的农（牧）区的金融资源向大城市流动。根据江其务在 2001 年的测算，我国 65% 左右的金融资产集中在上海、天津、广州三大分行管辖的区域,而占国土面积72%的西部地区金融资产仅占17.8%。而根据王纪全(2007)等人的计算,2004年,东部地区金融资源总量达到268088.6亿元,是1994年水平的6倍多,占全国金融资源的比重由53.6%上升到60.6%;而同期西部地区的金融资源总量为65142亿元,占全国金融资源总量的比重仅为14.73%,占比不升反降。再从人均金融资源量看,2004年我国东部地区人均金融资源5.95万元,中西部地区只有1.85万元,比全国平均水平3.42万元低出很多。另据吴朝霞(2011)等人计算,2009年末,东部地区银行业金融机构资产额占全国银行业资产总额的61%,西部地区只占17%。

事实上,早在2001年,江其务教授就指出,在国有银行实行大银行、大城市发展战略,大幅度从县级市场退出的过程中,市场补充机制严重滞后,形成县区市场的金融服务真空地带,民营经济和小企业失去金融支持。尤其是2000年以后,社会金融资源流动出现与市场发展和经济调整相悖的集中趋势,即大银行存款由基层行向上级行集中,农村资金通过邮政储蓄转为中央银行基础货币,信贷管理权上收,县支行成了储蓄所,基层机构信贷机制萎缩,导致广大县域经济的金融资源外流,长此以往就必然导致发展差距的扩大、损失整体效率和福利。

第四,西部地区融资渠道狭窄,特别是非政府企业融资困难。据吴朝霞(2011)等人计算,2009年全国实际利用外资900亿美元,其中,东部地区582.3亿美元,占64.7%,西部地区84.6亿美元,仅占9.4%。2009年末股票债券筹资情况是,东部地区年末上市公司数占全国总上市公司数的59.6%,西部地区只占17.7%。东部地区当年A股筹资额占全国A股筹资额的75.4%,西部只占12.3%,东部地区H股筹资占全国H股筹资额的73.1%,西部只占20.9%;东部地区当年债券融资占全国债券融资总额的79.9%,西部只占6.5%。从具体数量看,截至2012年,西部12省区上市公司总和为355家,不及广东一省的359家。2011年度,西部企业通过资本市场融资共计780.68亿元,其中通过IPO募集资金共计154.97亿元,通过再融资募集资金共计625.71亿元。西部地区企业首发募资金额仅占全部首发募资金额的5.48%。从结构上看,民族地区上市企业中有政府背景的占据了大半边的江山。以内蒙古为例,在其21家A股上市企业中就至少有12家企业的实际控制人是政府单位,比例超过57%。而在上市公司数量最多的广东省,在359家A股上市公司中,实际控制人为个人或境外企业的就超过245家,比例超过68%。在浙江省上述比例更是超过了80%。另据敖特根巴雅尔等人的调查,内蒙古农牧区金融供给的产品和服务非常单一。农村牧区金融机构经营模式较为落后,缺乏产品设计理念,缺乏为农村量身定做的金融业务品种,无法满足农村日益多元化、多层次的金融需求。根据其在锡林郭勒盟、赤峰市等地区的农村牧区调查,69%的农牧户认为信贷产品过于单一,63%的农牧户反映贷款需求不能得到满足。农牧民平时在银行办理的主要业务是存款,57%的农牧户曾经在当地银行机构办理过存款业务和贷款业务,而仅有7%的农牧户在银行办理过汇款业务。

第五,民族地区农牧民融资成本太高。由于国有金融机构撤出,在民族地区农牧区存在的主要是农村信用社,农牧民发展经济、改善民生的主要借款渠道就是农村信用社。而出于种种原因,农村信用社的资金成本相对较高,增加了农牧民的经济负担。

三、金融排斥严重

金融排斥(Financial Exclusion)是指社会中的某些群体没有能力进入金融体系,没有能力以恰当的形式获得必要的金融服务。一般金融服务的改善包括两个维度——金融深度(financial depth)和金融宽度(financial breadth)。金融深度是指金融资产的数量增加,是量的增长;金融宽度是金融服务的可得性和易得性,反映了质的提高(Beck, Torre, 2006)。我国民族地区在金融深度方面已取得了一些进步,初步形成了商业性金融、政策性金融、合作金融和其他金融组织功能互补、相互协作的金融组织体系。然而,金融宽度却没有得到相应的改观,由于地理区位、人口规模、市场成熟度和文化差异等各方面因素,造成我国广大民族地区存在较为严重的金融排斥,阻碍了民族地区金融服务的可得性,并且,金融服务的缺乏已成为民族地区进一步发展和开放的瓶颈。

民族地区的金融排斥主要归结为地理排斥、评估排斥、条件排斥、价格排斥、营销排斥五个方面(见表8-1)。其中地理排斥是指被排斥对象由于交通便利性问题无法顺利获得金融服务,甚至完全不能获取金融服务。金融机构的人均覆盖度能反映每单位经济主体能够获得的金融服务数量,即金融服务的地理可获取性。因此,地理排斥可用民族地区金融机构的人均覆盖度衡量。评估排斥是指由于民族地区的传统产业是农牧业,具有高风险的特征,银行一般会对农村地区贷款、涉农项目贷款执行更为严格的授信评估。而农牧民由于整体受教育水平低,缺乏必要的金融知识,在申请贷款的过程中无法有效地提供评估所需的复杂材料、完成评估的复杂手续,提高了通过评估的难度。民族地区获得贷款农户占比可以反映出评估排斥的情况。条件排斥是指金融机构基于盈利性、流动性和安全性原则,对金融产品的供给设置准入条件,对经济主体制定准入评估体系,从而将某些经济主体排斥在金融服务之外的现象。在条件排斥方面,在民族地区金融市场上,银行会对金融产品与服务附加更多的条件。以贷款为例,附加条件通常包括但不限于抵押担保、家庭资产、贷款用途等。一些农牧民,特别是位于偏远地区或贫困地区的农牧民很难满足这些条件,因而无法获得贷款,遭到金融排斥。人均贷款水平反映了民族经济主体对于主流金融产品的可获得性。价格排斥是指金融产品价格过高或过低,将某些经济主体排斥在外的现象。衡量金融产品的定价是否合适,主要看金融产品是否满足大多数人的需求。可以用人均储蓄额来衡量价格排斥水平。营销排斥是指为了获取更高的利润,银行倾向于将营销资源分配给收益率高的大客户、企业客户,或营销成本更低的中心城市客户,而排斥营销成本高、风险高、收益率低的民族地区客户和农村客户。通常营销活动通过从业人员来实现,因此可以用民族地区每万人拥有的银行从业人员数来衡量营销排斥程度。

表 8-1 民族地区金融排斥评价指标体系维度

符号	指标	计算方法
地理排斥 X1	银行业金融机构覆盖度	机构网点数 ×10000／人口总数
评估排斥 X2	获取贷款的比例	获得贷款户数／总户数
条件排斥 X3	人均贷款水平	贷款总额／人口数
价格排斥 X4	人均储蓄额	储蓄总额／人口数
营销排斥 X5	拥有服务人员数	金融机构从业人员数 ×10000／人口总数

为了清晰反映我国民族地区金融排斥现状,我们将西部12省区2008—2012年数据按金融排斥的五个维度指标进行计算整理,并采用离差平方和方法(Ward方法)对金融排斥综合指数进行了聚类分析,根据聚类树形图可以进一步分析民族地区金融排斥状况。

可以将民族地区金融排斥程度由高到低排成三类(见表8-2)。

表 8-2 民族地区金融排斥聚类分析结果

类别	地区
第Ⅰ类	广西、贵州、重庆
第Ⅱ类	云南、四川、西藏、陕西、青海、甘肃
第Ⅲ类	宁夏、内蒙古、新疆

第Ⅰ类:广西、贵州、重庆是金融排斥最高的地区。从历年数据和聚类分析来看,重庆金融排斥程度高达0.85,相对其他民族地区,重庆人口规模较大,第六次人口普查显示常住人口密度为351人／平方千米。由于金融排斥指标设计侧重分析人均资源,重庆的人均金融服务能力被定义为较低,因而金融排斥相对最高。

第Ⅱ类:云南、四川、西藏、陕西、甘肃、青海等省金融排斥程度居中。其中甘肃、青海两省的金融排斥强度高于云南等省区,甚至超过西藏地区,这既说明西部多民族省区的金融服务能力较低,也反映出金融排斥的程度并非完全由市场经济发展决定,还与我国民族区域政策和政府工作相关。

第Ⅲ类:新疆、内蒙古和宁夏金融排斥程度最低。近年来,一些西部省份通过加大向西开放力度,促进外向型经济发展,取得较快进步,比较典型的是宁夏、新疆。因为近年来积极推进金融业发展,这两个省份已初步形成区域金融中心,使得其金融排斥程度相对低于大多西部省区。

第二节　民族地区产业结构优化所需要的金融机构体系

一般认为,金融机构是指从事与金融服务业有关的金融中介机构,包括银行、证券、保险、信托、基金等。但这是先发国家和地区金融机构的主要类型,也是相对来说较早出现的金融机构。前面说过我国的民族地区是后发地区,这就要充分利用后发地区的优势,不仅要根据需要建立金融机构,更要建立良好的金融生态环境;不仅要引进大型商业银行和投资银行(证券公司),更要建立服务当地的中小金融机构;不仅要建立以市场为导向、以盈利为目的的商业性金融机构,还要建立以发展为导向、以启动和引导为目的的政策性金融机构,这就形成了融资性机构、担保类机构和生态类机构三位一体的民族地区金融机构体系。

一、融资类机构

融资类机构是专门为企业建立和发展提供资金融通的金融机构,包括银行业存款类金融机构,如银行、城市信用合作社(含联社)、农村信用合作社(含联社)、农村资金互助社、财务公司;银行业非存款类金融机构,如信托公司、金融资产管理公司、金融租赁公司、汽车金融公司、贷款公司、货币经纪公司;证券业金融机构,如证券公司、证券投资基金管理公司、期货公司、投资咨询公司;保险业金融机构,如财产保险公司、人身保险公司、再保险公司、保险资产管理公司、保险经纪公司、保险代理公司、保险公估公司;新兴金融企业,如小额贷款公司、第三方理财公司、综合理财服务公司等。根据我国民族地区的特点和可能,需要建立以下几类融资类金融机构。

（一）商业性银行

民族地区需要的商业性银行主要包括村镇银行、信用合作社、小额贷款公司(以下简称小贷公司)等。目前我国民族地区存在的商业性银行主要是国家大型商业银行、城市和农村信用合作社等。国家大型商业银行虽然有资金规模大和管理规范的优势,但由于存在着巨大的资金外流效应,虽然在某些情况下也支持了民族地区的经济发展和产业结构优化,但实际上效果并不明显;而城乡信用合作社主要是服务当地,但由于历史的包袱,也在一定程度上限制了其发展和作用的发挥。因此,从商业性银行的角度来看,民族地区需要在规范城乡信用合作社的基础上,大力发展村镇银行和小贷公司。

1. 村镇银行

村镇银行是指经中国银行保险业监督管理委员会依据有关法律、法规批准,由境内外金融机构、境内非金融机构企业法人、境内自然人出资,在农村地区设立的主要为当地农民、农业和农村经济发展提供金融服务的银行业金融机构。村镇银行不同于银行的分支机构,属于一级法人机构。

民族地区之所以要大力发展村镇银行,一是由于其设立的地域限制和准入门槛很低。根据规定,村镇银行的机构一般设置在县、乡镇,在地(市)设立的村镇银行,其注册资本不低于5000万元人民币;在县(市)设立的村镇银行,其注册资本不得低于300万元人民币;在乡(镇)设立的村镇银行,其注册资本不得低于100万元人民币。二是由于其市场定位。村镇银行的市场定位主要在于两个方面,即满足农户的小额贷款需求和服务当地中小型企业。为有效满足当地"三农"发展需要,确保村镇银行服务"三农"政策的贯彻实施,在《村镇银行管理暂行规定》中明确要求村镇银行不得发放异地贷款,在缴纳存款准备金后其可用资金应全部投入当地农村发展建设,然后才可将富余资金投入其他方面;并且规定,新设银行业法人机构总部原则上设在农村地区,即使设在大中城市,但其具备贷款服务功能的营业网点只能设在县(市)或县(市)以下的乡(镇)和行政村。农村地区各类银行业金融机构,尤其是新设立的机构,其金融服务必须能够覆盖机构所在地辖区内的乡(镇)或行政村。

2. 小贷公司

小贷公司是由自然人、企业法人与其他社会组织投资设立,不吸收公众存款,经营小额贷款业务的有限责任公司或股份有限公司。与银行相比,小贷公司更为便捷、迅速,适合中小企业、个体工商户的资金需求;与民间借贷相比,小额贷款更加规范、贷款利息可双方协商。

不过,目前小贷公司发展也存在严重的瓶颈。一是由于小贷公司只贷不存,资金来源渠道较窄,造成大部分小贷公司成立不久就将资本金发放一空。二是小贷公司盈利水平较低,税收负担沉重。目前国家没有针对小贷公司的税收优惠政策,小贷公司税收参照一般工商企业执行,所缴的所得税和营业税合计达到30%以上。为此,在国家基本政策不能改变的情况下,设立在民族地区的小贷公司可充分利用在民族地区的优势,争取享受一些政策优惠。

(二)政策性银行

与商业性银行相对应的就是政策性银行。由于我国民族地区特殊的情况和条件,地处边疆且经济落后,面积广大且是生态屏障,资源丰富但生态脆弱,"一带一路"覆盖但属中间低洼地带,丝路基金和亚投行难以顾及,因此,设立一个专门的支持西部民族地区经济发展的政策性金融机构就显得非常必要。

政策性金融机构(policy-based financial institutions)是指那些由政府或政府机构发起、出资创立、参股或保证的,不以利润最大化为经营目的,在特定的业务领域内从事政策性融资活动,以贯彻和配合政府的社会经济政策或意图的金融机构。

从一般背景看,政策性金融机构主要产生于一国政府提升经济发展水平和安排社会经济发展战略或产业结构调整的政策要求。一般来说，处在现代化建设起步阶段的经济欠发达国家或地区，由于财力有限，不能满足基础设施建设和战略性资源开发所需的巨额、长期投资需求，或者靠一般商业性金融机构难以发挥及时、有效的作用时，都需要设立政策性金融机构。一些经济结构需要进行战略性调整或升级，薄弱部门、地区和行业需要重点扶持或强力推进的国家，设立政策性金融机构，以其特殊的融资机制，将政府和社会资金引导到重点部门、地区、行业和企业，就可以弥补单一政府导向的财政的不足和单一市场导向的商业性金融的不足。

从运行机制看，与我国目前采取的援藏、援疆方式相比，政策性金融机构虽然不以营利为目的，不与商业性金融机构争业务，但由于其资金来源除了国拨资本外，主要通过发行债券、借款和吸收长期性存款获得，是高成本负债。因此其基本的运作方式还是信贷，要在符合国家宏观经济发展和产业政策要求的前提下，行使自主的信贷决策权，独立地进行贷款项目可行性评价和贷款审批，以保证贷款的安全和取得预期的社会经济效益以及相应的直接经济效益。

从职能看，政策性金融机构所拥有的倡导性职能可直接或间接地吸引民间或私人金融机构从事符合政府政策意图的放款，引导资金的流向，促使政府政策目标的实现。补充性职能具有补充和完善以商业性金融机构为主体的金融体系的职能，弥补商业性金融活动的不足。对于一些商业性金融机构不愿或无力选择的产业、项目政策性金融机构以直接投资或提供担保的方式引导资金流向，进行融资补充。主要表现在：对市场风险较高的领域进行倡导性投资，对投资回收期限过长、投资回报率低的项目进行融资补充，对于成长中的扶持性产业给予优惠利率放款。其服务性职能可以为企业提供各方面的服务，同时还可以成为政府在该领域事务的助手或顾问，参与政府有关计划的制订，甚至代表政府组织实施该方面的政策计划或产业计划。

（三）投资银行

投资银行（Investment Bank）是与商业银行相对应的一类金融机构，主要从事证券发行、承销、交易、企业重组、兼并与收购、投资分析、风险投资、项目融资等业务的非银行金融机构，是资本市场上的主要金融中介。

投资银行是证券和股份公司制度发展到特定阶段的产物，是发达证券市场和成熟金融体系的重要主体，在现代社会经济发展中发挥着沟通资金供求、构造证券市场、推动企业并购、促进产业集中和规模经济形成、优化资源配置等重要作用。

（四）租赁公司

民族地区主要应发展金融租赁公司，从事融资租赁业务。融资租赁是指出租人根据承租人对租赁物件的特定要求和对供货人的选择，出资向供货人购买租赁物件，并租给承租人使用。承租人分期向出租人支付租金，在租赁期内租赁物件的所有权属于出租人所有，承租人拥有租赁物件的使用权。租期届满，租金支付完毕并且承租人根据融资租赁合同的规定履行全部义务后,对租赁物的归属没有约定的或者约定不明的,可以协议补充;不能达成补充协议的,按照合同有关条款或者交易习惯确定,仍然不能确定的,租赁物件所有权归出租人所有。

融资租赁是集融资与融物、贸易与技术更新于一体的金融产业。由于其融资与融物相结合的特点,出现问题时租赁公司可以回收、处理租赁物,因而在办理融资时对企业资信和担保的要求不高,所以非常适合中小企业融资。

融资租赁是现代化大生产条件下产生的实物信用与银行信用相结合的新型金融服务形式,是集金融、贸易、服务于一体的跨领域、跨部门的交叉行业。大力推进融资租赁发展,有利于民族地区转变经济发展方式,促进第三产业融合发展,在加快商品流通、扩大内需、促进技术更新、缓解中小企业融资困难、提高资源配置效率等方面发挥着重要作用。积极发展融资租赁业,是我国现代经济发展的必然选择。

二、担保类机构

(一) 保险公司

保险具有分散和转移风险的职能。从目前的情况和条件看,应支持民族地区多开办保险机构,拓展保险业务。一是民族地区自然条件差,自然灾害多,容易发生农业风险;二是民族地区发展的产业多与其自然条件相关,比如生态农业、旅游业等,容易受自然条件的影响。目前我国所设立的都是商业性保险公司。商业性保险公司的逐利性决定了其可能不愿承保民族地区灾害发生可能性较大的业务,因此也可以考虑在民族地区设立政策性保险公司,专门针对民族地区开展保险业务。

(二) 担保公司

民族地区设立的担保公司主要是融资性担保公司。融资性担保是指担保人与银行业金融机构等债权人约定,当被担保人不履行对债权人负有的融资性债务时,由担保人依法承担合同约定的担保责任的行为。融资性担保公司是指依法设立,经营融资性担保业务的有限责任公司和股份有限公司。

之所以考虑在民族地区广泛设立担保公司,是基于以下几个方面的原因。首先,民族地区经济发展起步晚,企业规模小。由于银行小额贷款的营销成本较高,小企业向银行直接申请贷款受理较难,这就造成小企业有融资需求时往往会求助于担保机构。担保机构选择客户的成本比较低,从中选择优质项目推荐给合作银行,提高融资的成功率,就会降低银行小额贷款的营销成本。另外,在贷款的风险控制方面,银行不愿在小额贷款上投放,有一个重要的原因是银行管理此类贷款的成本较高,而收益并不明显。对于这类贷款,担保机构可以通过优化贷中管理流程,形成对小额贷款管理的个性化服务,分担银行的管理成本,免去银行的后顾之忧。

其次，事后风险释放，担保机构的优势更是无可替代。银行直贷的项目出现风险，处置抵押物往往周期长、诉讼成本高、变现性不佳。担保机构的现金代偿，大大解决了银行处置难的问题，有些担保机构做到1个月（投资担保甚至3天）贷款逾期即代偿，银行的不良贷款及时得到消除，之后再由担保机构通过其比银行更加灵活的处理手段化解风险。

再次，担保公司时效性快。银行固有的贷款模式流程造成中小企业主大量时间浪费，而担保公司恰恰表现出灵活多变的为不同企业设计专用的融资方案模式，大大节省了企业主的时间与精力，能迎合企业主急用资金的需求。

最后，担保公司在抵押基础上的授信，额度大大超过抵押资产值，为中小企业提供更多的需求资金。

从东部地区一些担保公司运作的经验看，许多投资担保公司在贷后管理和贷款风险化解方面的规范和高效运营，获得了银行充分信任，一些合作银行把贷后催收、贷款资产处置外包给担保公司，双方都取得了比较好的合作效果。

三、生态类机构

民族地区需要建立的生态类机构很多，比如咨询公司（信息中心或信息公司）、资信评估公司、资产评估公司、会计师事务所、律师事务所、金融研究所等。这里主要介绍一下资信评估公司和资产评估公司。

（一）资信评估公司

资信评估，又称信用评级、资信评级、信用评估等，就是由独立中立的专业评级机构，接受评级对象的委托，根据"独立、公正、客观、科学"的原则，以评级事项的法律、法规、制度和有关标准化规范化的规定为依据，运用科学严谨的分析技术和方法，对评级对象履行相应的经济承诺的能力及其可信任程度进行调查、审核、比较、测定和综合评价，以简单、直观的符号（如AAA、AA、BBB、CC等）表示评价结果，公布给社会大众的一种评价行为。资信评估公司就是专门进行资信评估的机构。

资信评估是征信服务的重要组成部分。它在信用风险度量、信用风险监测、信用风险预警、信用信息资源整合和利率市场化下的金融产品风险定价等方面发挥着重要作用。

（二）资产评估公司

资产评估是指在市场经济条件下，由专业机构和人员，依据国家有关规定和有关材料，根据特定的目的，遵循适用原则，依照法定程序，选择适当的价值类型，运用科学方法，对资产价值进行评定和估算的行为。其目的是为该项资产的交易等行为提供价值参考依据。广义的资产评估是指一切对于资产估价的行为包括企业内部为补偿和会计报告而进行的评估。狭义的资产评估是在发生产权变动、资产流动和企业重组等特定行为下对资产进行的评定估算。资产评估机构是指组织专业人员依照有关规定和数据资料，按照特定的目的，遵循适当的原则、方法和计价标准，对资产价格进行评定估算的专门机构。

资产评估可以发挥以下三个方面的作用：一是咨询作用。从某种意义上说，资产评估属于一种专业技术咨询活动，具有咨询的作用。咨询的作用是指资产评估结论为资产业务提供专业化估价意见，该意见本身虽然没有强制执行的效力，但可以作为当事人要价和出价的参考。二是鉴证作用，即鉴别和举证。其中鉴别是专家依据专业原则对资产交易的现时价格做出的独立判断，而举证则为该判断提供理论和事实支撑，使之做到言之有理、持之有据。三是促进作用，可以促进资源优化配置，可以促进产权主体维护自己的合法权益，也可以促进资产评估工作的国际化和进一步对外开放。

第三节 民族地区产业结构优化所需要的金融市场体系

金融市场是进行金融商品交易的场所、网络及交易活动的总称，其基本功能是实现金融商品的集中、分配和流通。其中的金融商品既包括各种货币，也包括各种金融工具；交易活动既可以在具体的有形的交易场所如某一金融机构、证券交易所等进行，也可以通过现代通信设施建立起来的网络及无形的交易场所进行。

金融市场在现代市场经济中的地位越来越重要。这是因为，从宏观经济运行来看，在市场经济条件下，所有商品、劳务和技术的交易都要通过货币来进行；从微观主体的经营情况看，各个经济单位追求货币的热情和动力有增无减，而且企业越来越依赖外源融资，通过金融市场融通资金的积极性日益高涨。这就使得金融市场在资源配置和产业结构调整过程中发挥着越来越明显的作用。

金融市场分为货币市场和资本市场两大类。其中货币市场主要是解决企业临时周转性资金需求，对产业结构优化只有间接作用，而资本市场要解决的是企业的长期资本需求，因此直接影响和决定着产业结构的变动。这里主要介绍资本市场体系。

应该说，对一个国家来说，资本市场是一个整体，不分发达地区和落后地区，更不分民族地区和非民族地区。因此，发达、完备的资本市场不仅为东部发达地区，也为西部相对落后的民族地区的经济发展和产业结构优化提供了条件。不过，由于我国的民族地区相对落后，表现为规范化运作的大公司比较少，很多企业才刚刚起步，处于中小微阶段，更多的则是处于酝酿阶段，目前面临的最直接问题就是缺少资金。因此，中国的资本市场建设不仅仅要考虑大公司的 IPO 问题，更要特别考虑中小微企业的起步问题。非常庆幸的是目前中国不仅建立了上海、深圳、北京三个证券交易所，为股票和债券的发行和交易提供规范、方便的交易规则和条件，而且还为筹备上市的高科技企业设立了创业板市场，同时，还为非上市的高科技股份有限公司的股份转让设立了新三板市场，为非上市的中小微企业设立了股份报价（Q板）和股份转让市场（E板），形成了完备的市场体系，民族地区的经济发展、大众创业及产业结构调整和优化可以充分利用这一完备的资本市场体系。

一、创业板市场

创业板（Growth Enterprise Market Board，GEM），又称二板市场（Second-Board Market），即第二股票交易市场，是与主板市场（Main-Board Market）不同的一类证券市场，专为暂时无法在主板上市的创业型企业、中小企业和高科技产业企业等需要进行融资和发展的企业提供融资途径和成长空间的证券交易市场，是对主板市场的重要补充，在资本市场上有着重要的位置。

创业板出现于20世纪70年代的美国，兴起于90年代。在证券发展历史的长河中，创业板刚开始是对应于具有大型成熟公司的主板市场，以中小型公司为主要对象的市场形象而出现的。自20世纪70年代起，以美国为代表的北美和欧洲等地区为了解决中小型企业的融资问题，开始大力创建各自的创业板市场。发展至今，创业板已经成为帮助中小型新兴企业特别是高成长性科技公司融资的市场。

创业板与主板市场相比，上市要求往往更加宽松，主要体现在成立时间、资本规模、中长期业绩等的要求上。因为新兴的二板市场上市企业大多趋向于创业型企业，所以又称为创业板。创业板市场最大的特点就是低门槛进入，严要求运作，有助于有潜力的中小企业获得融资机会。从净利润和营业收入两方面看，主板要求净利润在最近三年均为正，且累计要超过3000万元；最近三年营业收入累计超过3亿元，或最近三年经营现金流量净额累计超过5000万元。而创业板则有两个标准，可选其中之一：一个是最近两年盈利，且最近两年净利润累计不少于1000万元；另一个是要求最近一年盈利，净利润不少于500万元，营业收入不少于5000万元，最近两年的营业收入增长率均不低于30%；从无形资产占净资产的比例看，主板要求最近一期无形资产占净资产比例不高于20%，而创业板对此没有要求；从公司股本总额看，主板要求公司发行前股本总额不少于3000万元，创业板要求发行后股本总额不少于3000万元。

在创业板市场上市的公司大多从事高科技业务，具有较高的成长性，但往往成立时间较短、规模较小，业绩也不突出，但有很大的成长空间。可以说，创业板是一个门槛低、风险大、监管严格的股票市场，也是一个孵化科技型、成长型企业的摇篮。

具体来说，根据《深圳证券交易所创业板股票上市规则》，公司申请首次公开发行股票须具备以下条件：

（一）主体资格

发行人是依法设立且持续经营三年以上的股份有限公司（有限公司整体变更为股份公司可连续计算）：

1. 股票经证监会核准已公开发行。

2. 公司股本总额不少于 3000 万元，公开发行的股份达到公司股份总数的 25% 以上；公司股本总额超过 4 亿元的，公开发行股份的比例为 10% 以上。

3. 公司最近三年无重大违法行为，财务会计报告无虚假记载。

（二）企业要求

1. 注册资本已足额缴纳，发起人或者股东用做出资的资产的财产权转移手续已办理完毕。发行人的主要资产不存在重大权属纠纷。

2. 最近两年内主营业务和董事、高级管理人员均没有发生重大变化，实际控制人没有发生变更。

3. 应当具有持续盈利能力，不存在下列情形：

（1）经营模式、产品或服务的品种结构已经或者将发生重大变化，并对发行人的持续盈利能力构成重大不利影响；

（2）行业地位或发行人所处行业的经营环境已经或者将发生重大变化，并对发行人的持续盈利能力构成重大不利影响；

（3）在用的商标、专利、专有技术、特许经营权等重要资产或者技术的取得或者使用存在重大不利变化的风险；

（4）最近一年的营业收入或净利润对关联方或者有重大不确定性的客户存在重大依赖；

（5）最近一年的净利润主要来自合并财务报表范围以外的投资收益；

（6）其他可能对发行人持续盈利能力构成重大不利影响的情形。

二、新三板市场

新三板市场即全国中小企业股份转让系统（以下简称全国股份转让系统），原指中关村科技园区非上市股份有限公司进入代办股份系统进行转让试点，因为挂牌企业均为高科技企业而不同于原转让系统内的退市企业及原全国证券交易自主报价系统（STAQ）和全国电子交易系统（NET）挂牌公司，故形象地称为"新三板"。2012 年，国务院批准决定扩大非上市股份公司股份转让试点，首批扩大试点新增上海张江高新技术产业开发区、武汉东湖新技术产业开发区和天津滨海高新区。2013 年底，新三板方案突破试点国家高新区限制，扩容至所有符合新三板条件的企业，成为全国性的非上市股份有限公司股权交易平台。

全国股份转让系统是经国务院批准、依据证券法设立的全国性证券交易场所，是继上海证券交易所、深圳证券交易所之后的第三家全国性证券交易场所。

在场所性质和法律定位上，全国股份转让系统与证券交易所是相同的，都是多层次资本市场体系的重要组成部分。

全国股份转让系统与证券交易所的主要区别在于：一是服务对象不同。《国务院关于全国中小企业股份转让系统有关问题的决定》明确了全国股份转让系统的定位主要是为创新型、创业型、成长型中小微企业发展服务。这类企业普遍规模较小，尚未形成稳定的盈利模式。在准入条件上，不设财务门槛，申请挂牌的公司可以尚未盈利，只要股权结构清晰、经营合法规范、公司治理健全、业务明确并履行信息披露义务的股份公司均可以经主办券商推荐申请在全国股份转让系统挂牌。二是投资者群体不同。我国证券交易所的投资者结构以中小投资者为主，而全国股份转让系统实行了较为严格的投资者适当性制度，未来的发展方向将是一个以机构投资者为主的市场，这类投资者普遍具有较强的风险识别与承受能力。三是全国股份转让系统是中小微企业与产业资本的服务媒介，主要是为企业发展、资本投入与退出服务，不以交易为主要目的。

（一）设立新三板市场的作用

1. 成为企业融资的平台。新三板的存在，使高新技术企业的融资不再局限于银行贷款和政府补助，更多的股权投资基金将会因为有了新三板的制度保障而主动投资。

2. 提高公司治理水平。依照新三板规则，园区公司一旦准备登陆新三板，就必须在专业机构的指导下先进行股权改革，明晰公司的股权结构和高层职责。同时，新三板对挂牌公司的信息披露要求比照上市公司进行设置，有力地促进了企业的规范管理和健康发展，增强了企业的发展后劲。

3. 为价值投资提供平台。新三板的存在，使价值投资成为可能。无论是个人还是机构投资者，投入新三板公司的资金在短期内不可能收回，即便收回，投资回报率也不会太高。因此对新三板公司的投资更适合以价值投资的方式进行。

4. 通过监管降低股权投资风险。新三板制度的确立，使挂牌公司的股权投融资行为被纳入交易系统，同时受主办券商的督导和证券业协会的监管，自然比投资者单方力量更能抵御风险。

5. 成为私募股权基金投资的新热点。股份报价转让系统的搭建，对于投资新三板挂牌公司的私募股权基金来说，成为一种资本退出的新方式，挂牌企业也因此成为私募股权基金的另一投资热点。

（二）企业挂牌新三板市场的条件

1. 依法设立且存续（存在并持续）满两年，有限责任公司按原账面净资产值折股整体变更为股份有限公司的，存续时间可以从有限责任公司成立之日起计算。

2. 业务明确，具有持续经营能力。

3. 公司治理机制健全,合法规范经营。

4. 股权明晰,股票发行和转让行为合法合规。

5. 主办券商推荐并持续督导。

6. 全国股份转让系统公司要求的其他条件。

(三)企业挂牌新三板市场的好处

1. 资金扶持:各区域园区及政府政策不一,企业可享受园区及政府补贴。

2. 便利融资:新三板挂牌后可实施定向增发股份,提高公司信用等级,帮助企业更快融资。

3. 财富增值:新三板上市企业及股东的股票可以在资本市场中以较高的价格进行流通,实现资产增值。

4. 股份转让:股东股份可以合法转让,提高股权流动性。

5. 转板上市:转板机制一旦确定公司可优先享受绿色通道。

6. 公司发展:有利于完善公司的资本结构,促进公司规范发展。

7. 宣传效应:新三板上市公司品牌,提高企业知名度。

三、E板和Q板

E板和Q板是上海股权托管交易中心设立的两个为小企业服务的平台。上海股权托管交易中心经上海市政府批准设立,归属上海市金融服务办公室监管,遵循中国证监会对多层次资本市场体系建设的统一要求,是上海市国际金融中心建设的重要组成部分,也是中国多层次资本市场体系建设的重要环节。

上海股权托管交易中心非上市股份转让系统自2012年2月15日开业以来,取得了令人瞩目的业绩。但中小微企业数量众多,而目前资本市场容量有限,与投资者广泛和多元的投资需求不相适应。在此背景下,上海股权托管交易中心推出了中小企业股权报价系统,为更多的企业提供对接资本市场的机会,成为企业与金融机构、投资者信息互通的桥梁。

上海股权托管交易中心现已形成一市两板的新格局:在一个市场——上海股权托管交易市场,构建非上市股份有限公司股份转让系统(转让系统、E板)、中小企业股权报价系统(报价系统、Q板)两个板,为不同类型、不同状态、不同阶段的企业提供对接资本市场的机会及相适应的资本市场服务。

(一)E板

所谓E板(Exchange),全称为非上市股份公司股份转让系统,简称转让板,指挂牌公司可以通过系统进行线上报价、线上交易、线上融资等。

非上市股份有限公司在上海股交中心挂牌后,给企业带来的直接变化一是形成了有序的股份退出机制,二是企业法人治理机构的规范运作程度将显著提高。这些变化将给企业带来如下好处:有利于建立现代企业制度,规范企业运作,完善法人治理结构,促进企业健康发展;有利于提高股份的流动性,完善企业的资本结构,提高企业自身抗风险的能力,增强企业的发展后劲;有利于企业扩大宣传,树立品牌,促进企业开拓市场;有利于企业吸收风险资本投入,引入战略投资者,进行资产并购与重组等资本运作;通过规范运作、适度信息披露、相关部门监管等,可以促进企业尽快达到创业板、中小板及主板上市的要求;开展股份报价转让业务,完善股份退出的机制,使企业定向增资更容易实现;公司在公共平台上挂牌,增加了企业的信用等级,更利于获得银行贷款。

关于在E板挂牌的条件,《上海股权托管交易中心非上市股份有限公司股份转让业务暂行管理办法》规定的挂牌条件中没有类似中小板、创业板或其他资本市场关于企业营业收入、净利润、经营活动产生的现金流量净额等财务指标的具体要求。上海股交中心侧重关注投资者利益的保护,强调企业的规范运作情况、成长性及未来发展前景,一般通过对企业所处的行业、财务情况、主要股东及管理层等多种因素的考察来进行判断,因此公司当下的财务情况也是综合把握和判断企业是否符合挂牌条件的因素之一。

非上市股份有限公司申请在上海股交中心挂牌应具备以下条件:业务基本独立,具有持续经营能力;不存在显著的同业竞争、显失公允的关联交易、额度较大的股东侵占资产等损害投资者利益的行为;在经营和管理上具备风险控制能力;治理结构健全,运作规范;股份的发行、转让合法合规;注册资本中存在非货币出资的,应设立满一个会计年度;上海股交中心要求的其他条件。

(二)Q板

所谓Q板(Quotation),全称为中小企业股权报价系统,因此又称报价板,指挂牌公司可以通过系统进行线上报价,但交易、融资均在线下完成。Q板不同于新三板市场和股权转让系统,Q板对企业规模大小没有要求,大多数企业注册资金规模多在100万元左右,企业类型不局限于股份有限公司,还包括有限责任公司、合伙企业等各类型企业,企业所处行业和所有制成分亦不受限制。第一批101家挂牌企业所属行业包括了农林牧渔、化工、有色金属、建筑建材、机械设备、交运设备、信息设备、食品饮料、纺织服装、轻工制造、医药生物、公用事业、交通运输、金融服务、商业贸易、餐饮旅游、信息服务、综合服务等。

企业挂牌Q板的条件非常宽松,除存在下列情况外,均可在上海股交所Q板挂牌:无固定的办公场所,无满足企业正常运作的人员,企业被吊销营业执照,存在重大违法违规行为或被国家相关部门予以严重处罚,企业的董事、监事及高级管理人员存在《公司法》所列的情况,其他规定的情况。企业挂牌Q板的好处是:拓宽了公司融资渠道,挂牌公司可以通过定向增发、股权质押及发行中小企业私募债等多种方式实现融资;能够极大提升企业形象,增强企业的竞争力;公司通过挂牌交易、融资、信息披露,规范运作,能力不断增强,促进公司转板上市。

参考文献

[1] 刘洁,陈静娜.区域发展的经济理论与案例[M].北京:海洋出版社,2019:01.

[2] 倪明明.中国金融结构调整与产业结构优化研究[M].西安:西安交通大学出版社,2019:01.

[3] 项波,孟春阳.区域经济协调发展的经济法保障研究[M].北京:知识产权出版社,2019:01.

[4] 胡兴龙."一带一路"背景下中国区域经济发展研究[M].沈阳:辽宁大学出版社,2019:01.

[5] 刘强.中国区域经济增长差异性的演进机理与政策选择[M].北京:中国经济出版社,2019:04.

[6] 唐曙光.区域经济形势分析浅探[M].北京:中国发展出版社,2018:06.

[7] 刘刚,王秀玲.城乡与区域经济协同发展理论与政策研究[M].石家庄:河北人民出版社,2018:05.

[8] 郭莹.我国区域经济协调发展理论与应用研究[M].北京:中国书籍出版社,2018:05.

[9] 王艳红.区域经济格局演变中的中国自由贸易区战略研究[M].天津:南开大学出版社,2018:08.

[10] 谢会芹.区域经济一体化视角下中国产业可持续发展及辐射效应的多维度研究[M].成都:电子科技大学出版社,2018:07.

[11] 赵书哲.区域经济发展与资源型城市产业转型专题研究[M].沈阳:辽宁人民出版社,2017:09.

[12] 李欣红.国际区域经济一体化的产业区域效应研究[M].北京:中国经济出版社,2015:11.

[13] 蒋健才.布局"一带一路"战略下的中国区域产业经济路线图[M].北京:中国

财富出版社，2016：05.

[14] 王春晖.产业集聚与区域经济发展理论与实践[M].北京：社会科学文献出版社，2016：12.

[15] 姜岩.区域经济视域下的产业发展与贸易安全问题研究[M].沈阳：辽宁教育出版社，2016：06.